俞敏洪的创业心得

倾听创业教诲 感悟成功真谛

YUMINHONG DE CHUANGYE XINDE

珍藏版

项金成◎编著

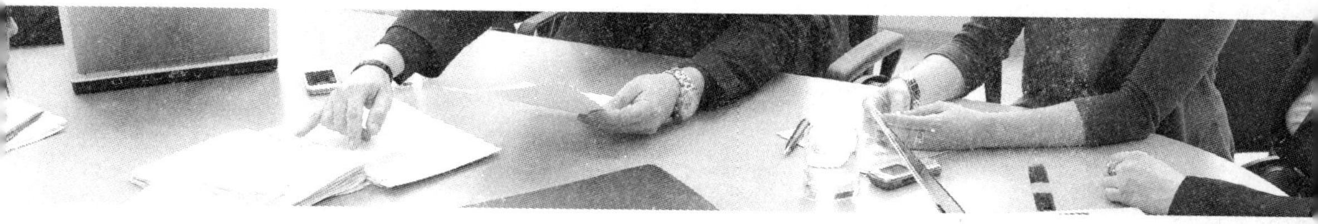

剖析创业楷模的**商业逻辑**

解读草根英雄的**创业人生**

时事出版社

图书在版编目（CIP）数据

俞敏洪的创业心得 / 项金成编著. -- 北京：时事出版社，2015.1

ISBN 978-7-80232-800-6

Ⅰ. ①俞… Ⅱ. ①项… Ⅲ. ①俞敏洪－企业管理－经验 Ⅳ. ①F279.23

中国版本图书馆 CIP 数据核字(2014)第 274658 号

出 版 发 行：时事出版社

地　　址：北京市海淀区万寿寺甲 2 号

邮　　编：100081

发 行 热 线：(010)88547590　88547591

读者服务部：(010)88547595

传　　真：(010)88547592

电 子 邮 箱：shishichubanshe@sina.com

网　　址：www.shishishe.com

印　　刷：北京市业和印务有限公司

开本：787×1092　1/16　印张：16.5　字数：178 千字

2015 年 1 月第 1 版　2015 年 1 月第 1 次印刷

定价：29.00 元

前言

preface

2006年9月8日，新东方教育集团成功登陆美国纽约证券交易所。作为中国首支教育概念股，新东方一上市就受到投资者们的热捧，挂牌仅短短50分钟，每股股票的价格就由15美元的开盘价疯涨至22美元。由此，新东方董事局主席兼CEO俞敏洪的个人资产猛涨至6亿人民币以上。

毋庸置疑，俞敏洪已成为青年创业者的偶像和榜样，成为世界各大商学院管理课堂上的最佳案例。如果时光倒流13年，你绝对不会想到中关村第二小学那间只有10平米的违章建筑居然是如今赫赫有名的新东方教育集团的前身，也不会想到那个穿着破大衣提着浆糊桶满北京城贴招生广告的“个体户”就是当今被誉为“留学教父”的“中国最富有的老师”。

十几年来，新东方成功地帮助数以万计的年轻人圆了出国梦，无数学子借此改变了自己的命运。有人评价说，“在中国，任何一个企业都不可能像新东方这样，站在几十万青年命运的转折点上，站在东西方文化交流的转折点上，对中国社会进步发挥如此直接而重大的作用”。

俞敏洪习惯以激昂的语调讲述“草与树的人生”。他常说：“我们每个人都应该像树一样成长，即使现在什么也不是。但只要你是种子，即便被踩到泥里，十年、二十年之后，你也一定能长成参天大树。你长成参天大树后，就能给人带来一片绿色、一片阴凉。你帮助了别人，即使人们离开，回头一看，你依然是地平线上一道美丽的风景线。”

俞敏洪也曾是一棵无名的小草，他的人生与创业经历本身就是一部励志教材，他的成功就在于，不论遇到多大的困难，有多么绝望，都不轻言放弃，这也是新东方的精神——“从绝望中寻找希望”。

俞敏洪的故事，体现的是一个成功者艰难的创业和奋斗历程。在某种意义上，对于希望创业和正在创业的年轻人而言，俞敏洪影响他们的并不是他身价有多少，而是那贯穿了新东方整个创业过程的种种难能可贵的精神：像树一样地成长、从绝望中寻找希望、忍受孤独、积极面对失败与屈辱、追求生命的尊严、把小事情做成大事业、主动把握机会、宽容忍让、让利与分享……

“坚持100次可能都是失败，但坚持到第101次可能就会成功，我们一定要养成一种习惯，那就是‘死不认账’，我不信坚持下去明天还没有好结果。”这就是俞敏洪从“失败文人”到“成功商人”，新东方从无到有的最有效、最简练的成功法则。

“不做骏马做骆驼”是俞敏洪的又一个人生逻辑。这一点既适用于英语学习，更适用于脚下的人生。“我们的一生就好比一片沙漠，需要大家一步一个脚印向前走。大家平时做事情可以像骆驼一样努力，每天比别人多走一点，你学10个小时，我就学11个小时，你学11个小时，我就学12个小时……这样，虽然你是一匹骆驼，但在不知不觉中，你就会比马走得还远。人都是平凡的，但是若平凡的生命中蕴含有骆驼精神，也许你就能创造奇迹。”

成功后的俞敏洪把自己当初那种“与人分享”的心态戏称为“糖纸理论”。在新东方的“团队创业”阶段，俞敏洪再一次把“糖纸理论”付诸于实践，用分享换来了企业的做大做强，最终奠定了新东方在中国外语培训市场上的霸主地位。

分享俞敏洪的创业心得，我们每一位创业者就能鼓起创业的勇气，树立恰当的创业目标，看清前进的方向，走在正确的创业道路上。让我们学习俞敏洪的创业精神和创业心得，拨开创业路上的迷雾，消除内心的迷茫，树立坚定的信念，掌握有效的方法，最终成为一个成功的创业者。

目录

contents

敢想敢干，创业者要勇敢追求自己想要的结果 001

成功就是胆识加魄力，成功创业要胆子大，其实就是有胆识，而拿得起、放得下就是魄力。

创业者要有自信，追求加自信等于成功 009

从行动表现出来的自信不是孤芳自赏，也不是夜郎自大，更不是得意忘形，而是激励自己奋发进取的一种心理素质。

梦想呼唤我们心中的理想，引导我们走向创业之旅 017

一个有事业追求的人，可以把“梦”做得大些。虽然开始时只是梦想，但只要不停地做，不轻易放弃，梦想就能成真。

只要你相信自己，奋斗就能改变你 023

为了不让生活留下遗憾，我们应该尽可能抓住一切改变生活现状的机会。

002 俞敏洪的创业心得
Yuminhong de chuangyexinde

没有勇气和胆量，创业绝不可能成功 037

只要具备了坚持、耐心和勇气，世界上就没有做不成的事情。

创业是成长的过程，良好的心态必不可少 050

我们每一个人，都应该像树一样成长，即使我们现在什么都不是，但只要如同树种一般，即使被踩到泥土中间，依然顽强地吸收泥土的养分，那就会成长起来。

有思想的创业者，创业成功的概率会大增 059

商业思想就是一种思维方式，一种处理问题和解决问题的方法。

有了激情做什么都可以，创业需要持续不断的激情 068

激情是信念的一种外在表现，如果内心没有信念的话，外在的言行不可能产生激情，所以激情源于对自己内心的一种认可。

创业不能盲目行动，准备工作要先行一步 081

很多创业者准备不够，匆匆忙忙进行创业，导致最后一败涂地。假如准备不足，条件尚不具备，晚一点创业也不迟。

没有目标的创业者就像一艘没有舵的船，永远漂流不定 090

不要梦想着一夜之间就能功成名就，人生宏大的目标应当以累积诸多小目标为基础。成功不是一蹴而就的，要有耐心才行。

只有全力以赴，梦想才能起飞 098

我们每个人都想成为一个卓越不凡的成功人士，让别人仰慕自己，但现实却是大多数人都是平庸之辈。为什么呢？因为我们没有做到：专心致志地做好一件事。

创业不需要夸张的语言，只需要脚踏实地的行动 105

能否实现自己的梦想，外在因素只是小部分原因，主观因素才是主要原因。

创业从兴趣开始，兴趣是创业最好的动力 119

一个人只有对自己所选择的创业项目感兴趣，才会去努力创业，才能充分发挥自己的聪明才智，从而在事业上作出成绩。

创业应该懂得抓住机会，利用机会打开突破口 127

发现创业机会不是一件容易的事情，但也并非高不可攀。创业者可以在日常生活中有意识地加强实践，培养和提高这种能力。

学历代表过去，只有学习能力才能代表将来 134

学历高低与创业成功与否并没有必然的联系，学历高的人须自勉自立，学历低的人须自信自强。

创业不能盲目浮躁，要踏踏实实地走好每一步 144

成功是长时间努力、积累和进步的结果，是水到渠成的事情，绝不是心急就能做到的。

沟通能力不可或缺，它与执行力同样重要 152

沟通障碍往往会造成多次返工，事倍功半，严重时还会酿成不可挽回的损失，导致创业失败。

创业需要承受力，它决定你未来能做多大的事情 161

创业是痛苦的，创业的过程就是一个炼狱的过程，从某种程度上讲，创业者大都是苦命人，但创业的成功却又是最甜的。

困境不可怕，在绝望中也能找到希望 167

我不相信所谓的绝境，人生永远充满希望。不要害怕失败，失败是常态，成功是偶然。

失败固然可惜，但它可以磨炼我们的意志 175

以平和的心态面对失败和考验，我们才能成熟和有所收获。而那些失败和挫折，都将成为生命中的“无价之宝”。

伟大是熬出来的，成功创业源于坚持不懈的努力 184

坚持是创业者的希望，在漆黑如墨的风雨之夜，坚持明天的太阳；在滴水如冰的严冬，坚持春天的渴望。

只要持续不断地敲门，成功之门总会打开 202

在创业的荆棘途中，创业者必须坚信，我不是为了失败才来到这个世界的。要将“暂停”、“没办法”、“不可能”、“失败”、“没希望”等字眼从自己的“字典”中除去。

创业要有合作分享的精神，在合作分享中共同强大 210

在创业过程中，合作分享是必不可少的经营手段。在合作分享中提高自己，在合作分享中共同强大，这才是经商的大智慧。

单打独斗的时代已经远去，团队合作的时代已然到来 222

我们也会有矛盾，但我们绝不能让“散伙”或“集体辞职”之类的事情发生，这样的团队才能保障我们事业的未来。

靠运气不如靠能力，只有能力才是证明自己并实现自身价值的手段 234

创业者要想创业成功，就必须靠个人能力说话，因为个人能力才是创业者证明自身价值的手段。只有个人能力，才能把人的差距越拉越大。

敢想敢干，创业者要勇敢追求自己想要的结果

成功就是胆识加魄力，成功创业要胆子大，其实就是有胆识，而拿得起、放得下就是魄力。

专家在研究中发现，大凡成功人士都有某种程度的赌性，企业界人士尤其如此。很多创业者在创业的道路上，都有过“惊险一跳”的经历，这一跳成功了，功成名就；要是跳不成，就只能“香消玉殒”了。创业需要胆量，需要冒险。冒险精神是创业家精神的一个重要组成部分，但创业毕竟不是赌博，创业家的冒险不同于冒进。

有这样一个故事：一个人问一个哲学家，什么叫冒险？什么叫冒进？哲学家说，比如有一个山洞，山洞里有一桶金子，你进去把金子拿了出

来。假如那山洞是一个狼洞，你这就是冒险；假如那山洞是一个老虎洞，你这就是冒进。这个故事包含什么意思呢？意思就是说，所谓冒险是指经过努力，就有可能得到，而且是值得你得到的那么一种东西；否则，你只是冒进，死了都不值得。创业者一定要分清冒险与冒进的关系，要区分清楚什么是无畏，什么是无知。无知的冒进只会使事情变得更糟，你的行为将变得毫无意义，并且惹人耻笑。

机会和风险并存，只要从事创业活动就要冒险。创业者要有敢于为事业冒风险的心理素质，这种素质也就是所谓的敢为。敢为的人对事业总会表现出一种积极的心理素质，他们不断地寻找新的起点并随时准备付诸实践，这就是胆识。一个创业者只有具有这种胆量、这种素质才能更加有信心地去做好以后的事，当然这种信心不是盲目的，而是建立在理性基础上的。

俞敏洪在一次演讲中这样说道：我们处在一个变革的时代，在这样的一个时代，个人英雄主义重新来临，任何一个人都有可能出人头地。在原来，不管你多么有才华，没有关系你也别想露头；但在今天，只要你有才能，就能找到露面的机会。这五年来，创新产业和创业人士的不断涌现，是社会更加宽容和灵活的一个体现。移动通信和互联网的发展，带来了整个社会对创新能力的宽容，对创新能力的支持，让大家有了发现自己的机会，这是特别让人欣慰的事情。

面对这样的时代，起起落落变成了常态，这个时代经济会不断发展，成功人士会不断涌现，但是失败的例子也会如恒河沙数。毕竟有太多人比你更厉害，比你更加知道如何应用移动互联网等新技术。面对这样的时代，一种人想办法集中自己所有资源，灵活变革，得以继续保持住江湖地位；另一种人则束手无策，只能随时做好江湖地位被他人取代的准备。

失败，不仅仅是因为你作出了错误的商业决策。毕竟在今天这样一个时代，不管你作出多么正确的商业决策，都有可能死掉。在原来，新东方的成功靠的是个人努力、高超的个人讲课能力、员工吃苦耐劳的精神，但是今天这种能力是没法跟互联网、移动技术相结合的。如果想要在未来让新东方更加成功，就必须更换我本人的基因，同时更换整个新东方的发展基因。曾经成功的基因面对新的时代已经不再是新的成功的保障，甚至变成障碍，如果迈不过勇于更换基因这道坎，基本上就要消亡。

诺基亚就是个先例。触屏技术是诺基亚第一个掌握的，比苹果早很多，但为什么诺基亚没能第一个作出触控类的智能手机？这是因为与原来的团队基因相抵抗，当整个团队熟悉原有运作系统，并且可以靠原来那一套拿着很多钱过得很舒服时，你让他们改变非常难。

改变有两点：第一，让人重新动脑子。动脑子不是去想吃什么饭，穿什么衣，而是想着变革自己和变革自己做的事情，敢于尝试新的做法，革自己的命，试问，有多少人在重新动脑子？人的惯性思维是非常严重的。第二，就算意识到需要重新动脑子后，行为上能不能跟得上？这也是个问题。举个例子，我有一个下属非常能干，但是说话总是伤人，我不断跟他谈，他也真动脑子想了，保证以后绝对不伤人，以后每次伤人就自抽耳光，但是行为惯性经常控制不了，脸都快打青了还改不过来。可是就算个人行为能改过来，但当你有一个团队时，你能不能把团队思维也改过来，这依然是个问题。整体的改革必须靠绝大多数人的认可才能够成功。

我说说我的亲身体会：一是改变自己惯性思维非常难；二是意识到不得不变后，行为没有跟上思想变，容易发生思想往右、行为往左的情况；三是如果我们的思想和行为一致了，怎么动员团队跟我们一起走？在这个犹豫的过程中，你可能就失去了很多机会，眼看着一批批新生代把你超过去。诺基亚就是这样被超过去的，苹果如果不思改变将来也会这样。苏宁电器也面临着这个挑战，所以张近东下决心一定要改变，苏宁易购不赚钱，改可能是死路，但不改一定是死路。所以我现在也做好了准备，宁可在改革的路上死掉，也不愿死在原来成功的基因里。

前天，新东方在人民大会堂召开20周年庆典大会。所有人在感慨新东方20年不容易时，只有我一个人陷入焦虑和痛苦之中，因为我知道未来20年新东方不好走，过去的成功跟未来的成功没有任何关系。所以当天晚上，我就把新东方150个重要管理干部拉到北京郊区，开了个闭门会议，讨论未来20年发展步骤，重建新的商业模式。

这个世界不断在变，但有些东西你不能变。做一件事时，你必须要想清楚是否热爱这件事。我从来没有发现一个人做一件事情就是为了赚钱，最后还能够做得特别成功的。一个人做事情一定要从心底想做这件事，有信念的人面对失败和挫折时不会太容易放弃。

从俞敏洪的演讲中我们可以看到，他是一个有胆识的企业家。敢想敢干，并且能够深入剖析自己。特别是对于胆识，俞敏洪说，创业创一次失败了就不再创了，这是万万不可取的。任何时候都要敢于追求，不要总是想着失败了会承担多大的损失。你创业之初本来就是一无所有，就算你创业失败一百次，你不还是一无所有么？

眼下，正是创业的好时机。政策好、投资环境优良，机会前所未有地在前方召唤着你，因而踌躇满志者大有人在，即使前期因各种各样的原因遭遇挫折，也不轻言放弃，而正酝酿卧薪尝胆，重振旗鼓。

以往，社会舆论导向往往集中在：创业需要才能，需要机遇。为此，有些人多方拜师学艺，面壁修炼，也有的结朋交友，积累人脉，但是激情的开始往往带来悲情的结束。

创业没有统一的标准可循，也没有固定的模式可鉴，关键是要有胆量，找到方法，敢于突破，否则再多的才能、再好的机遇也会在你畏首畏尾、犹豫不决中丧失。等到别人在生意场上笑傲江湖，你内心的不服又有什么用呢？

在中国，许多民营企业家，尤其是浙商群体，像娃哈哈的宗庆后、德力西的胡存中、正泰的南存辉等，他们以往都没读过多少书，但每个人都能让所在企业引领所属行业，除了对市场敏锐的观察力、极高的悟性外，还与他们的魄力、坚持和韧性有关。当初他们创业时，周围的舆论和环境远不如现在宽松，面对今后的未知和前景的莫测使得他们顾不上考虑个人利益的得失，完全是凭着没有退路、背水一战的胆量而最终成就事业，造就辉煌，虽然其间多次遭遇失败和挫折，但他们全当这些因素是今后成功路上的点缀和装饰，因而矢志不渝，坚韧不拔。还有像福建、广东等沿海地带许多人初高中尚未毕业就有勇气漂洋过海去国外打工，发展事业，多年积累的胆量可以说在他们人生经历中起到了举足轻重的作用。

民间流传着这样一个成功之道：一胆二力三功夫。即第一是胆量，第二是力量，第三才是功夫。有很多文化层次高的人常常会说不怎么样的人发了财，言语中满是不平和愤慨，其实真没什么必要，为什么呢？当你在安逸、稳定的环境里“享受”生活的时候，别人在承担风险、忍受辛苦，他赚钱自然是应该的，而你不敢冒风险，却只是“指点江山”、“隔岸观火”、瞻前顾后，难道机会和幸运会眷顾你吗？成功者有时并不是靠专业严谨的知识和训练有素的功夫塑造起来的。

“在少于 5 万人的小镇上，没有一家打折店能够长久经营。”对于沃尔玛创始人山姆·沃尔顿来说，当初创业前这样的话听到的实在太多了。然而，今天的沃尔玛早已成长为世界头号零售企业，拥有近 5000 多家分店，从无名于美国企业 500 强到 2002 年将埃克森·美孚石油公司拉下马，跃居为《财富》500 强的龙头老大，不难看出，原本足以动摇人心意志的议论并未对山姆·沃尔顿产生任何影响。

一个想创业的人，一旦面临周围议论往往会心生怀疑和动摇，这个时候，最需要的是什么呢？正如山姆·沃尔顿所做的那样“专注于你的企业，你要比任何人都更加相信它。凭借着对工作的热情，我克服了自身的许多缺点。我不知道你是否生来就拥有这种激情，但至少你能学着拥有它，但我肯定你非常需要它。如果你真正热衷于你的工作，你会无时无刻地琢磨怎样将它做得最好。”

创业过程中我们都会面临他人的议论或不屑，这很正常，关键是自己要有充足的精神准备。创业者应具备三大素质：一是找准方向；二是有强烈的进取心；三是能够正确面对失败。同样，网易的丁磊在一次会议上也很感慨地说，人的一生总会面临很多机遇，但机遇是有代价的，有没有勇气迈出第一步，往往是人生的分水岭。

诚然，白手创业会带来许多的不确定性，我们也推崇“有的放矢”，借力借势整合资源和人脉，而不鼓励冒冒失失单打独斗似的急功近利，但要知道风险始终是存在的，世上不存在没有一点风险的事业。在创业路上，假如我们过分担心畏惧而裹足不前，往往就会丧失我们的未来。因此，想创业的朋友千万别怕，练练胆量，勇往直前一定能够成功！

创业心得

一个人若想创业成功最关键的不是看他是否拥有本钱和才华，而是要看他是否有愈挫愈勇、永不放弃的精神和毅力，以及任何时候都勇敢追求的能力。俞敏洪表示，创业一次失败了就不再创了，那是绝对不可取的。他建议创业者做事情都要有一个心理预期，预料到可能的最惨结局，进行思考评估，把这个最惨的结局想清楚了，就算真的到了那个结局，也就不会害怕了。

俞敏洪提醒那些正在创业、或者即将创业的人：“一无所有的创业者，一般都缺乏资金和一些必须的办公设备，其实，只要创业者好好想想，自身也并非一无所有，因为有梦想、敢行动，什么资金，什么经验，什么能力，一切一切的问题都不用去考虑，想到了只需去做，在碰到一个又一个困难，解决一个又一个困难的过程中，创业者就会距离梦想的实现越来越近了。”对于创业者，俞敏洪建议要有以下几个心态：

第一，不要畏首畏尾，做任何事情只要命不丢就行了，你来到这个世界的时候就是赤裸裸的，你怕什么？

第二，缺什么东西就去要，就像看见喜欢的女孩就去追，追不上是你运气不够，但是不追你就一辈子都会后悔。当年，我最不起眼的学生跟我要资源，第一次时，我不回信；可到第五次时，我必须回信，要不然良心过不去。以前我跟政府部门打电话要许可，对方不同意我就放弃了，后来我就从这个学生身上学会了，一次不行求两次、两次不行求三次，求到第十次，还不行就再请另一个人来求。这个世界上95%以上的事情，只要有勇气和胆量，加上死不要脸就能成功。

第三，紧跟时代，否则不管你做的事情多么牛，多么好，都有可能失败。比如开书店很有理想，但没有跟上这个时代对于新商业模式和新需求的呼应，经营不下去只能退出历史。我现在最担心我跟不上时代，但是我一直在努力，如果哪一天看到新东方死掉了，只要大家记住俞敏洪还活着就行，我还会努力地东山再起。

最后，变革自己，不要也不能指望任何人，世上从来就没有救世主，能挽救我们的，只有我们自己。

创业者要有自信，追求加自信等于成功

从行动表现出来的自信不是孤芳自赏，也不是夜郎自大，更不是得意忘形，而是激励自己奋发进取的一种心理素质。

当理想还像梦境一样遥远，我们离实现梦想还有相当的距离的时候，不要想着成功以后如何如何，而先要有一种势在必得的信心和志在必得的决心。成功源于我们对自己充分的自信，悲观而缺乏自信的人，不适合创业。对于那些即将创业，或者正在创业的人来说，谁拥有了自信，谁就成功了一半。确实，在创业的道路上，一定要与自信同行，创业者才能完成他想做的事。别人不相信你没关系，重要的是，你要相信自己。自信是人生不竭的动力，是世上最伟大的力量，它能帮你战胜自卑和恐惧，它能使你走向成功。对此，俞敏洪强调：未来你做企业的时候，不管你对谁去讲，如果你一直强调自己的天才基因的话，对你未来的创业，包括做大了以后吸引人才，会带来某种障碍。我个人的建议就是，这种自信的表露应该从行动上来，而不是从语言上来。

在日本，有一所专门培养领导人的学校。这所学校有一项很特别的课程，就是每天出操、上课时，学生都要大声地连续呼喊："我能行！我能行！"呼喊声响彻操场，响彻教室。呼喊声在富士山上回响，也在学生们的心头久久地回荡。这所学校的创办人认为：一个成功的人，一定要有"我能行"这样一种强烈的成功意识和自信。

自信会产生一种心理暗示，这种暗示会给人一股无形的力量，使人可以克服平时克服不了的困难。心理学研究表明，在每个人的意识里都存在一个理想的、积极的自我形象，但是这个理想的自我形象，并不是总能够主宰和指导自己的行为。因为，同时存在于意识中的还有一个消极的、瞬息万变的自我形象，它会干扰积极的"自我"作出决定。

自信的暗示可以帮助你打败那个怯懦、颓废的自己，可以提升你对自己肯定的认识，只有你认为自己是最棒的，你才可能是最棒的！如果你自己认为你不是最棒的，那你就永远也成不了最棒的那一位！自信可以产生奇迹。

心理学者曾经在一所著名的大学挑选了一些运动员做实验，他们要求这些运动员做一些别人无法做到的运动，还告诉他们，因为他们是国内最好的运动员，因此他们可以做到。

随后这些运动员被分成两组。第一组到达体育馆后，虽然尽力去做，但还是做不到。第二组到达体育馆后，研究人员告诉他们，第一组已经失败了，并对他们说："你们这一组跟前边那一组不同，我们研制了一种药，会让你们可以达到超人的水准。"

结果，第二组运动员吃了药丸以后，果然完成了那些困难的练习。事后，研究人员才告诉他们，他们吃的药丸，其实是由没有任何药物成分的面粉制作的。第二组的运动员之所以能够完成那些困难的练习，是因为他们相信自己一定可以做到。这就是积极的心理暗示所产生的效果。

如果你经常可以达到自己的小目标，"水滴石穿"，你就会慢慢积累起足够的自信，而自信又可以成就你新的成功，由此循环往复，你就可以成为一个优秀的人。

希腊哲学家亚里士多德有句名言：优秀是一种习惯。我们常常听到一句话，叫作："性格决定命运"，而性格是由习惯决定的，因此，要改变自己的命运，首先应该改变自己的习惯。也就是说，你如果想成为一名成功的创业者，那你首先应该养成一种成功者具有的习惯。久而久之，这种习惯就成就了你的优秀，反过来，优秀也成了你无时无处不闪光的习惯。

有这样一位女性创业者，她白手起家，不花父母的一分钱，单凭自己的自信、自己的努力铸就了自己的成功，她是真正的创业者，真正的成功者。她的名字叫李丽，仅仅两年时间，她已经拥有了属于自己的两家小型服装店，并且还服务社会，在一家以外来务工人员子女为主的社区幼儿园中担任幼儿兴趣小组指导教师。

2007年6月李丽刚刚毕业走出校门，家里就已经给她安排好了工作。

单位不错，薪水不错，工作也不劳累，在别人看来她就如同掉进了蜜罐，生活真美好。

可是这份工作却让李丽感到没有一点生活的动力，没有一点奋斗的欲望，只感觉到太闲了、太舒服了。难道真这样，轻轻松松耗一辈子算了？“我不愿意”，她对自己这样说。

她暗暗下定决心，我的青春应该充满挑战，充满奋斗，于是她打算放弃这份优越的工作，去创造一份自己想要的事业。

当家人听到李丽的打算，都惊呆了，全都不同意她从单位辞职。“女孩子，有个工作，再找个老公就行了，瞎捣鼓啥呀”，亲戚这样说着。父母也下了通牒“你要从单位辞职，我们就再不管你了”。面对这些困难，李丽没有屈服，“一个人连目标都没有还有什么意思。女孩子就不能有份自己的事业了吗，我要打造自己的天地”，在家人不理解中她从单位辞了职。

从单位辞职以后，家人非常不理解，一下子她成了家里的公敌，冷言冷语充斥在她周围，一些外人也等着看她笑话。她暗自下了决心，一定要作出自己的一番事业，不能被人看不起。

终于自由了，可以放飞自己的梦想了，但创业之旅先从哪里开始呢？她琢磨了好久。“爱美是女性的天性，她们极喜欢购物。从消费的角度讲，时尚、浪漫总是和她们紧紧地联系在一起。在女性各种用品中，女性饰品——貌不惊人却蕴涵了勃勃商机，对于自己来说，又有着“资金需求小、储存地方小”等优势。想到这，她有了主意。对，先从做女性饰品的小生意开始起步。

在摆摊选址上，她挑中了大学附近的夜市，顾客人群锁定为女大学生。经过调查她发现女大学生对饰品的选择更在乎样式而不是材料，最为喜欢价格低廉、花样繁多的饰品。她就按照这个原则，在市场上收集了一些精致的饰品，开始自己的练摊生涯。

由于样式新、价格低、质量好，有许多大学生购买，一天能有个百多元利润，生意还算不错。可是没过一段时间，她精心挑选出的十几款主打饰品在好多家地摊都有出售，而且价格比她的还便宜。这时，李丽切实感受到了市场竞争的激烈性。

怎么办？是就此退缩，回家去向父母认错，回到他们安排的轨道上，还是迎难而上，做生命的强者。不言放弃的李丽选择了后者。她观察到，很多顾客饰品买了很多，但真正使用起来的却不多，原因是缺少相搭配的衣服。她认识到这是一个绝好的商机，自己原来学习的是幼师专业，对美有很强的触觉，能够很敏锐、很精准地抓住搭配的流行元素。利用自己的特长，寻找合适的衣服与饰品进行搭配出售，效果肯定很好，而且这是独家本领，能够避免同类竞争。果然，这种搭配销售得到了女大学生的欢迎，甚至有人把她当成自己的穿衣顾问，成为了她的长期客户。

大半年地摊摆下来，获利 2 万多元。这时，她积累了经验，也拥有一部分稳定客源，她有了开店的打算，闹市区的一个小巷成为她的首选，可是租金一点都不便宜，3 个月就要 1 万多元租金。是进是退？李丽一咬牙一跺脚，爱拼才会赢，“爱依小屋”正式开张。

刚刚开业，知名度不响，除了一些老客户以外没什么顾客光顾。这怎么行？李丽为了吸引人气煞费苦心。终于她想到了一个不花钱又实用的办法，就是在自己的店里提供地方供一些生意人作为“分赃”地点。不仅不收费，还提供热情的免费服务。由于地处市中心，地理位置优越，又加上她热情周到的免费服务，一下子“爱依小屋”就成了市里著名的“分赃”地点，一天到晚热闹非凡。

光有了人气只是基础，关键还要留住人气。李丽决定用自己最优质的服务留住顾客。她大胆决定率先推出“不满意退换货”的承诺，只要在她的商铺内购买衣服，15 天内可无条件退换货。当时她的经营理念就是：只有真正站在顾客的角度上思考，“想顾客之想，急顾客之急”，才能赢得顾客的认可。通过推出“不满意退换货”承诺，她为自己赢得了更多的顾客。从此她的生意越做越好，并向规模化迈进，2008 年 5 月第二家“爱依”也开业了。

在进行创业的同时，李丽还热心做一名回报社会之人，现在在一家以外来务工人员子女为主的社区幼儿园中担任幼儿兴趣小组指导教师。

谈起在幼儿园的工作，用她的话说就是：比当后妈还难。因为不仅要带着孩子们做游戏，还要让孩子们从游戏中学到知识，同时还要让家长们满意。游戏中的大量道具都是她自己亲手制作的，而且还需要常常更新，这可是一项很繁琐的工作，但孩子们喜欢，她便心甘情愿加班到深夜。

为了培养孩子们的协调能力，以及对美的欣赏能力，李丽还经常编排舞蹈供孩子们练习。一年下来，光编舞就不下十几种，各个都还需要她亲自教孩子们跳，很是辛苦。但当问及她为什么要这样做时，她却说：“做这份工作不为别的，而是为了那群可爱的孩子们，这些孩子更需要帮助，需要爱。今天我之所以能成功，就是因为得到了许多人的帮助。现在我有了能力，就不能忘了感恩，我也要贡献自己的一份力量。”这样的她，充满自信、充满追求。

尽管很辛苦，但她从未想过要放弃，而是为了自己的梦想一直不断地努力。人生应该有目标，只要拥有自信、拥有追求，生活就有了奔头，生活就有了方向。李丽每天早晨醒来必做的一件事情，就是对着自己的化妆镜说：“我相信自己，我能行；我相信自己，我可以！”让我们也一起每天对自己说一声：“我很棒，我真的很棒。”

对创业者来说，从行动表现出来的自信就是创业的动力。要对自己的行动有信心，对未来有信心，要坚信成功并非命中注定而是全靠自己努力换来的，更要坚信自己能战胜一切困难。

事实上，自信是创业的动力，因为每一个成功人士都有很强的信心，甚至有时会咄咄逼人。他们独立思考、判断、选择、行动，既会在自己内心里相信自己，也会在公众面前表现出这种自信。对此，俞敏洪强调，当然，从行动表现出来的自信不是孤芳自赏，也不是夜郎自大，更不是得意忘形、毫无根据的自以为是和盲目乐观；而是激励自己奋发进取的一种心理素质，是以高昂的斗志、充沛的干劲、迎接生活挑战的一种乐观情绪，是战胜自己、告别自卑、摆脱烦恼的一种灵丹妙药。从行动表现出来的自信，并非意味着不费吹灰之力就能获得成功，而是说战略上要藐视困难，战术上要重视困难，要从大处着眼、小处动手，脚踏实地、锲而不舍地奋斗拼搏，扎扎实实地做好每一件事，战胜每一个困难，从一次次胜利和成功的喜悦中肯定自己、激励自己。

创业心得

自信来自于内心，而不是来自于与别人的比较，与别人比较永远不可能带来真正的自信。比较的结果不是产生虚妄的优越感，就是产生强烈的自卑感。这两种感觉和真实的你无关，也和自信无关。自信是一种自我肯定，肯定自己在某些方面能够做得比较出色，而不是在所有方面都比别人好。

很多人面对未来，总是左思考右打算，就是不敢迈开大步向前走。其实规划好人生的人并不多，义无反顾勇敢向前的人常常得到的更多，走得也更远。生命的远行不需要太多的准备，上帝给你两条长腿和坚实的脚掌，就是为了让你前行。向哪里走？让心告诉你，考研、出国、工作都会有前途。不同的路有不同的风景。

一个人把自己看得太高，就会被别人看低；一个人把自己看得低一点，反而会被别人看高和尊重。故意抬高自己是一种心虚，故意贬低自己也显得矫揉造作。平和的神情、真诚的态度和不在意自己在别人眼中是否贵贱的肚量，是祥和生活的保证。

梦想呼唤我们心中的理想，引导我们走向创业之旅

一个有事业追求的人，可以把“梦”做得大些。虽然开始时只是梦想，但只要不停地做，不轻易放弃，梦想就能成真。

创业者必须要有梦想，并且梦想越大越好，因为梦想是创业路上的动力源泉。要知道任何成功都一定会历经不同的困难和痛苦，如果一个创业者没有梦想，一旦遇到困难或挫折，往往就很容易放弃。很多的创业者都是白手起家，一旦选择了创业，就得把梦想变为与自己共存亡的东西，千万不可放弃。哪怕是置身于生死边缘，只要还能抓住一棵浮草，只要还有梦想和你生死与共，就得努力地抓住往上爬，只要梦想还在，梦想就一定有实现的可能。创业者要有“野心”，所谓创业，就是指从零

开始、从无到有、从小到大的不断前进的创造过程，在此过程中我们也许会面对更大的困难，比如强大的竞争对手的压力等，“不想做将军的士兵不是好士兵”，创业者必须得有有朝一日超越强敌、要做就做最好、成为行业第一的野心。此外，创业者要有“实干”精神，一切梦想和野心最后的成功，都离不开立即行动，实实在在的苦干实干。创业者必须明白，我们的创业阶段是处在一个100%付出、收获也许不足1%的阶段，少抱怨公平与否，认准了就从小事细节做起，多些精雕细琢，少些投机取巧。万丈高楼平地起，夯实基础是创业成功的保证。

创业者要懂得“坚持”，有个故事讲的是我们现实人生的另一个“你”：每个人身上都必须背负有一个十字架，做乞丐的十字架可能是草做的，很轻，背起来很轻松；做百万富翁的十字架也许是铁做的，背起来很沉很累；到了比尔·盖茨、或李嘉诚这样的成功人士这里，他们身上背负的十字架可能就是更重更沉的黄金十字架了。这里的十字架代表的正是责任、困难、痛苦、打击等，也就是说你追求的梦想越大，你所背负的十字架的重量就越大。因此，创业者必须时时鼓励自己，努力、坚持是创业通向梦想的门票。

梦想是创业者永不枯竭的动力源泉。首先要有毅力，创业最重要的是过程而不是结果，因此创业的人不要总想着成功，要先想想失败。其次要有一个好的团队，创业者一定要有一群有着同样梦想、不断创造激情的伙伴，那样才能永葆生机。

马云在一次题为“创业者要给自己一个梦想”的演讲中说道：“作为一个创业者，首先要给自己一个梦想。1995年我偶然有机会到了美国，然后我注意到了互联网。回来以后我叫了24个朋友到我家里，大家坐在一起，我说我准备从大学里辞职，要做一个互联网企业。两个小时以后大家投票表决，23人反对，1人支持，大家觉得这个东西肯定不靠谱。纷纷劝我别去做那个，觉得你电脑也不懂，而且国内目前还没有这样的网络。

但是经过一个晚上的思考，第二天早上我决定，我要辞职，去做我想做的事，去实现我自己的梦想。这是为什么呢？因为我发现很多优秀的年轻人是晚上想想千条路，早上起来走原路。晚上出门之前说，明天我将干这个事，第二天早上仍然走自己原来的路线。如果你不行动，不给自己的梦想一个实践的机会，你就永远没有机会，所以呢，我稀里糊涂地走上了创业之路，我觉得自己是一个盲人骑在一个瞎的老虎上面，根本不明白将来会怎么样。但是我坚信，我相信互联网将会对人类社会有很大的贡献，当时95年不太有人相信互联网，也不觉得有这么个互联网会对人类有这么大的贡献。所以我冒用了比尔·盖茨的名字，说互联网将改变人类生活的方方面面。

当时我说互联网将改变人类生活的方方面面，没有人相信我，所以我就说，比尔·盖茨说互联网将改变人类生活的方方面面，结果很多媒体就把这句话登了出来，但实际上这句话是我说的。

一个人有了理想之后，我觉得，最重要的是给自己订一个目标，鼓励自己要把这件事情作出一个样子来。很多创业者总是说这个条件不够，那个条件没有，这个条件也不具备。事实上呢？我觉得创业者最重要的是创造条件，如果机会都成熟的话，一定轮不到我们。所以呢，一般大家都觉得这是个好机会，一般大家都觉得机会成熟的时候，我却认为往往不是你的机会。当你坚信事情能够起来的时候给自己定一个目标，我准备干 5 年，我准备干 10 年，干 20 年，把它干出来，我相信你就会走得很远。因为七八年前阿里巴巴还没有名气的时候，没有品牌，更没有现金，而且人们也不一定相信电子商务。那个时候非常难招聘员工，我们开玩笑说，街上会走路的人，只要不是太残疾，我们都招回来。但是经过了五六年，我们这些人居然都很有钱，大家都有成就感，为什么？我觉得就是因为我们相信自己是平凡的人，我们有梦想，我们相信我们一起能够做成一些事情，所以我觉得，创业者给自己一个梦想，给自己一个目标，给自己一份坚持是极其关键的。

另外，我想创业者一定要想清楚三个问题：第一，你想干什么？不是你父母让你干什么，不是你同事让你干什么，也不是别人在干什么你就干什么，而是你自己到底想干什么？当你想清楚干什么之后，你要明白我该先干什么，然后再干什么。创业之前，很多人说，我有这个，我能干这个，所以我一定干得比别人好。我一直坚信，这个世界上比你能干，比你有条件干的人很多，但最能干好这个事情的人全世界应该只有你一个，这样你才有机会赢。所以想清楚干什么，然后还要清楚该干什么、不该干什么。在创业的过程中，四五年以内，我相信任何一家创业公司，都会面临很多的抉择和机会。在每个抉择和机会过程中，你是不是还是和第一天，像自己初恋那样，记住自己第一天的梦想，至关紧要。无论是面对诱惑还是压力，你都要坚持自己的原则，最后当你明白想干什么，该干什么以后，再对自己说，我能干多久，我想干多久。所以呢，

9年的经历告诉我，没有条件的时候创造条件也要上，只要你有梦想，有良好的团队，坚定的执行，你就能够走到大洋的那一岸。现在外面有很多写阿里巴巴如何成功、如何不错的书，说实在的，没有一本书是我看过的，也没有一本书是我自己写的，或者接受过采访的，我觉得将来我想写一本关于阿里巴巴的一千零一个错误的书，我们犯的错误非常之多，所以呢，我想跟所有的创业者和准备创业的人共勉，还是我自己每天跟自己讲的那句话——今天很美好，明天更残酷，但后天很美好。绝大部分人会死在明天晚上，所以我们必须每天努力面对今天。”

从马云的演讲中，我们可以看到，创业者首先要给自己一个梦想，并且要勇敢地去追求。梦想可以通过一定的方式和途径，通过自己的努力和拼搏成为现实。梦想最大的意义在于给予人们一个方向、一个目标，但如果只把梦想当作梦，那么这样的人生可以说没有什么亮点。梦想使人伟大，人的伟大就体现在把梦想作为目标去执著地追求！

创业心得

事实上，梦想是创业成功的重要因素，俞敏洪认为，每个想创业的人心里都装着一个梦想，梦想是创业的重要指标，它呼唤着我们心中的理想，它表达出我们对生命的感受，它与创业者的人生目标紧紧地连在一起。正是有了这个梦想，创业者才制订出人生目标，从而踏上了创业之旅。

俞敏洪提醒那些正在创业的人，一个有事业追求的人，可以把

"梦"做得高些。虽然开始时是梦想，但只要不停地做，不轻易放弃，梦想就能成真。事实上，很难说什么是办不到的事情，因为昨天的梦想，可以是今天的希望，并且还可以成为明天的现实。敢于抒写自己梦想的人，反而更清醒。梦想无论怎样模糊，总潜伏在我们心底，使我们的心境永远处于不断地追求之中，直到这些梦想成为事实。青春是人生最快乐的时光，但这种快乐往往是因为它充满着希望，而不是因为得到了什么或逃避了什么。无论哪个时代，青年的特点总是怀抱着各种理想和梦想，这并不是什么毛病，而是一种宝贵的品质。

只要你相信自己，奋斗就能改变你

为了不让生活留下遗憾，我们应该尽可能抓住一切改变生活现状的机会。

俞敏洪指出，创业是个艰难的路程，在没有天时地利的情况下，创业靠的就只有创业者个人的努力与奋斗。事实上，对于那些即将创业或者正在创业的人来说，立志搞一番事业，并信心百倍地为之奋斗，才是创业成功的保证。俞敏洪在一次题为《相信奋斗的力量》的演讲中这样说道：我始终相信任何一个人想要改变自己的人生，想要改变自己的命运，最佳的法宝或者说最好的力量，就是奋斗。

我们每一个人出身都不一样，曾经年轻的时候，抱怨自己生长在一个贫困家庭。曾经年轻的时候抱怨过自己的父母，什么也不能给我。混遍北大整整7年，没有一个女人爱上我的时候，我发现我的很多同学都已经谈了好几次恋爱。有的同学已经娶了美丽的女人，组成了美好的家庭。当我发现每个同学至少都拥有一个健康身体的时候，我在大学三年级的时候却得了肺结核。我发现好像所有的生活黑暗和不如意都集中在我一个人身上，幸亏在这样的过程中间我始终没有放弃自己身上唯一的力量，这个力量就是我觉得只要努力，只要奋斗，只要给我足够的时间，我就能够改变自己的命运，我就能够让自己的生活变得更好。而这种感觉来自于什么呢，就是来自于我从小在农村的那种生活，来自于我自己高考的启示，因为对于我来说，农村孩子长大唯一的归宿可能就是在农村。

我十四岁初中毕业，紧接着命运就对我作出了宣判，当时中国有一个政策，“贫下中农子女，一家只能有一个上高中”，我姐上了高中，因此就轮不到我。所以其实我在14岁的时候就认认真真地当过一回农民，在那个时候我就料定了自己这辈子大概只能在农村待着了。但是，老天给了我一个非常好的机会，这个机会就是“四人帮”粉碎以后，教育政策立刻就改变了。我们的初中老师想起了我，说俞敏洪是一个喜欢读书的人，我们是不是可以破例让他读高中。我妈听说这个事情以后非常地兴奋，就去找公社大队的领导和学校的校长不断地说，说我儿子就是可以来的，所以我这辈子最感激的就是我妈。这就是我的第一次机会，这个不是我奋斗来的，是党和国家给我的。

高中毕业的时候，其实整个班全是农民，因为我们就是农村中学，几乎没有一个人会有信心说能考上大学，但是这个时候我碰上了一个好老师。这个老师现在还在南京，已经80岁了，他在我们复习准备高考的时候，对我们说了一句话，他说：‘我知道你们在座的小子没有一个能考上大学，你们以后一定都是农民，但是我依然要求你们每一个人都去考大学，因为当你们以后回到农村，在田头劳动的时候，当你拄着锄头仰望蓝天，叹息自己命运悲哀的时候，你会想起来，你曾经为了改变自己的命运奋斗过一次。’这句话，我到今天还能记得，大家想想这个印象多深，所以我就认定了自己一定要考上大学，一定要让这个老师失望一次。但这只是一个美好的愿望，我高考第一年，英语只考了33分。尽管当年英语的录取分数线也不高，大专的最低录取分数线就是我们江苏一个地区的师范学院，只有40分，但是我只考了33分，差了7分，那么我就想，如果我再努力一年，我也许就超过40分了，也许我就可以进这个大专了，所以我就边干农活边复习。当时农村连电灯都没有，只能在煤油灯底下复习，就是在这样的情况下，第二年高考的时候考了55分。我拿到这个分数就特别高兴，为什么呢，我想录取分数线是40分，我是55分，那么我无论如何都能够进那个师范学院了。结果分数线下来以后，师范学院的分数线提到了60分，又差了5分。两次高考失败以后反而让我增加了信心，我就觉得我非要考第三年不可，所以我就跟我母亲说，第三年无论如何我都不干农活，就是说每一天的时间我都要自己支配，但是我母亲却说她只能再给我一年时间，毕竟我们家确实很穷，所以第三年如果我再考不上的话，就只能是老老实实回来当农民。所以我第三年很拼命了，每天早上6点起来，晚上12点睡觉，到第三年参加高考的时候，成绩一出来我就发现我的成绩超过了北京大学的录取分数线，所以后来就有幸跟撒贝宁这样的名人成了校友。其实北京大学这四个字在我脑袋中连闪都没闪过，这个例子又给了同学们一个启示。什么启示呢？人终究是要有梦想的，但是无论你的梦想是什么，你不努力都是不可能实现的，就像你爬山的时候，虽然起初你看不到那个山头，但你只要知道自己在向上爬，只要知道你爬的路是对的，你到达山头就只是一个时间问题。所以，回想我自己的过去，我觉得往往是我生活中的一些失败促使我反弹起来，努力达成一个新的目标。

20 世纪 80 年代末的时候我想要出国去读书，但是我联系几十个大学，虽然他们都答应给我发放录取通知书，但是没有一个大学肯给我发奖学金，都说你只能自己出钱了，而当时我在北大的工资，连奖金带基本工资加起来大概一个月 200 块钱，换成美元，30 美元左右。美国大学的最低学费大概是 3 万美金，而且这还不算你的生活费，我算了一下，100 年不吃不喝都不够。所以我就想到了我应该要赚更多的钱，怎么赚更多的钱呢？人有了需求就会有想法，有了想法就会有创新。刚好当时中国兴起了外语培训的热潮，我就想我为什么不自己办一个培训班呢？因而就有了新东方。新东方完全不是我理想的产物，有人说俞老师你做新东方，是不是想到了你要为中国教育做贡献，事实上我想到的就是赚钱。但是今天的我，倒真的实实在在想要为中国的培训事业、为中国的教育做点事情了。为什么？因为你有了这样的实力，你有了这样的力量，你有了这样的基础，那你就应该去做，就这么简单。很多你没有想到的事情往往做成了，这是为什么呢？就是因为你在不断地改变自己。谁也不可能永远站在这个舞台的中央，你就坐着，天上就掉下馅饼来，永远不可能！这个世界上有偶然的运气，有必然的运气，如果你把偶然的运气当作必然的运气，你的生活就会越来越差。但是一个人可以追求必然的运气，什么叫必然的运气，必然运气就是通过自己的努力，踏踏实实地使自己达到了某一个状态，达到了某一个境界，用你这个状态，用你这个境界，用你这个身价去换取你所需要的东西。25 年前的我在北大拿 100 多块钱的工资，这就是我的身价。

15 年前的我在新东方挣的钱也就是勉强能够养活自己，但是今天的我已经算是在美国比较好的中国上市公司的老总之一，这个东西是我自己通过努力得来的，所以就不太容易被人剥夺，这个东西是我自己努力得来的，所以我心安理得。正因为这个东西是我努力得来的，所以我更加相信努力的力量，为我自己的后半辈子，我还会去持续不断地努力，这就是一个正面的，积极心态的循环。比如说看到现在的小年轻，我常常觉得很痛苦，为什么呢？第一个，虚荣心特别地强，虚荣心强以后他关注的是什么呢？他关注的不是自己生活的状态，他关注的是自己跟周边人比较以后，能不能胜过周边人。比如说中国人结婚以后，中国的女人跟自己的丈夫，说的最多的就是你看你看，你的同学怎么怎么样了；你看你看，隔壁的老张怎么样了，完了以后还要说“你看你这个窝囊废，到现在还这个样子”。她从来不去想这个丈夫本身的好处在什么地方，他的优点是什么，她是通过与别人比较，而比较的标准又特别地庸俗，不是比较别人更有钱，就是比较别人地位更高了。“隔壁老张都升了局长了，你这窝囊废，你跟他是同班同学，你现在还是个处长，你看你怎么活的，还不如我嫁给老张算了……”好面子可以是一个人奋斗的动力，但一定要掌握好“度”，比如说现在很多年轻人都是贷款，买房买车，结果变成了房奴和车奴，生活就被毁掉了。为什么呢？因为你在年纪轻轻的时候就背上了负担，有了一份稳定工作你就不敢轻易放弃。有一份稳定的工作当然很好，表面上你很专注，但是另一层意思就是，你失去了一切让自己的生命可以在其他方向腾飞的机会。我当初之所以敢自信地从北大出来，很简单，我没房没车，北大给我安排的当时的宿舍就是 10 平米的宿舍，我想这 10 平米的宿舍不住也罢。出来了，天地都在我身边，我拥有了全世界，所以我不怕丢。一个人要不怕丢，因为你怕丢，什么东西都不可能得到。你还没恋爱你就可能失恋了；你还没谈找工作你就可能会失业了；你刚要高兴可能就会失落；你刚想创业就可能会失败，所以“失”可能比“得”更加重要。

至于说我们的家庭背景，我在大学演讲的时候很多学生来跟我讨论这个问题，有同学说俞老师你看，你看我的同学，他们拥有无数的社会资源，现在社会资源越来越集中，像我们这样穷人家的孩子，我们很难争取到机会，这个世界是如此地不公平，我们这些人该怎么办？我跟他说，这个世界从来就没有公平过，即使你到美国，也不可能有这样的公平，其实中国也有好的一面，中国从来没有真正的社会阶层等级概念。虽说刚开始你是一个最普通的老百姓，但只要你愿意奋斗，你就会被人认可。所以尽管我们会发现周围有资源的人会比你更早地拥有资源，但是人生不是百米赛跑，让他们先得到好了，你给自己一辈子的时间，这个“自信人生二百年，会当击水三千里”，我们也许活不到二百年，但是一百年总可以吧。所以在我大学毕业的时候，全班同学毕业典礼上，大家每个人都要上去表态，我上去说的我到今天还依稀记得。我说大家都很厉害，你们的学习成绩都那么好，但是请大家相信我不会放弃自己，你们做 5 年的事情，我做 10 年，你们做 10 年的我做 20 年，你们做 20 年的我做 40 年，实在不行，这辈子我就努力保持健康心态，保持心情愉快，身体健康，到了 80 岁以后，把你们一个一个送走了，我再走。

其实每个人的奋斗是没有可比性的，每个人都有自己的事业，每个人都有自己的人生，那我们该怎么做呢？你就跟自己比，你的今天是不是比昨天好，你的明天会不会比今天好，你的明年会不会比今年好，10 年以后的你会不会比 10 年前站在这的今天的你要更好。还有的同学很有意思来问我说俞老师你看，我这个人长相不怎么样，也影响了我的事业发展。比如说我去面试的时候，人家老板一看我长得这副挫样，他就不要我了。我说你敢这么说，说明你内心还是有点自信的，其实长相并不是你生活的全部，可能是有一定的关系的人在 30 岁以前长相还有点儿作用。女孩子就算你再漂亮，过了 30 岁你还能说老娘长得很妖娆吗？这感觉不对吧？也就是说人只要有一点外表上的干净利落的感觉，就足够了。一个男人天天在镜子面前花半个小时打扮自己，我真看到过这样的男人，半个小时都不止，我觉得男人连镜子都不应该照的。你要知道，你这么好的时间你不用在让自己的生命变得更加有魅力上面，天天照镜子有什么用呢？你再打扮，你能不老吗？你再打扮到年纪大了，你能皱纹不上脸吗？当你皱纹上脸的时候，皱纹中透露出的是庸俗还是智慧，这全在你现在所做的事情，所以同学们，长相不是你生活的全部。有一次一个小男孩，在我演讲的时候跑上来，很矮。他说俞老师，我这样一个人，在男人堆里找不到自己，在女人堆里我也找不到自己，实在太矮了，他说你看我这辈子怎么办？我说，你知道鲁迅多高吗，1 米 58；你知道邓小平多高吗，1 米 57；你知道拿破仑多高吗，1 米 56。我说你多高，他说我 1 米 55，我说你知道你应该变成什么样的人了吧。

人生路是你自己选择的，你要把自己变成的是一个能够不是对得起自己长相，而是对得起自己的内心，对得起自己的能力的人，就要去努力奋斗。所以同学们，大家一起共同努力，只要你自己相信，奋斗能让你改变自己，你的生命一定会越来越灿烂。

俞敏洪认为，创业路上肯定会遭遇无数的酸甜苦辣，肯定会经历无数的失败与挫折，只要创业者勇敢地奋斗，再多的失败也不会让你屈服，最终一定会成功的。事实证明，多次的失败会让创业者灰心丧气，多次的挫折会让创业者情绪低落，但是只要创业者坚持奋斗，挫折终会让创业者崛起！当然，经历过多次的失败会让创业者找到成功之路，经历过多次的挫折会让创业者找到拼搏之桥。毋庸置疑，不管创业者从事什么样的项目，都要记住，无论创业者做什么事，其实都是在为自己奋斗，只有付出才会有所收获，才能让自己真正看到未来的路，才会给自己创造更多的利润。同时创业者只有把手中的事情做好，才能赢得社会的尊重，实现自身的价值。奋斗虽然艰苦，但它的果实香甜。

华人叶焕荣就是靠自己的奋斗而成为了英国华人首富，从他的经历中，我们可以看到一个依靠自己努力奋斗取得成功的创业楷模。叶焕荣出生在广东东莞，从爷爷那一代起就开始出洋打工，远至加勒比；父亲上世纪 40 年代荣归故里，置下田产，盖了新房。但由于连年战乱等原因，叶焕荣在香港读完高中后，就不得不出去工作。

与许多闯天下的华人一样，1959年，叶焕荣只身乘船来到英国。当时，他的口袋里只有10英镑。在利物浦客家人协会的帮助下，他得到了第一份工作——在餐馆洗盘子。

与许多老华侨不同的是，叶焕荣受过良好的教育，不仅能讲流利的英文，而且还有做生意的头脑，所以很快他就成为了餐厅服务生。两年之后，他与两个朋友合伙，在埃塞克斯用500英镑盘下一间很小的海边茶馆，经营起了自己的餐馆。

也许是财运特别眷顾3位勤奋的年轻人，小餐馆开张的第二年，附近就建起了一个露营度假村。休息日来这里露营的客人，高峰时超过8000人，服务人员也有2000多人。小餐馆的生意立刻红火起来。他们一改英国人早打烊的习惯，把营业时间延长到晚上9时半，又筹资扩大了餐馆面积。不到10年，叶焕荣已经拥有了3家餐馆和1家外卖店。

随着中餐馆在英国的增多，深知中餐调料难求的叶焕荣又有了新的想法：为中餐馆提供用料。1970年，叶焕荣与其兄叶吉荣在伯明翰市中心开了他们的第一家中国商店，出售1000多种商品，主要是华人家庭烹调所用的调料、食品等，也供应给餐馆和外卖店。这就是第一个荣业行，当时的雇员不超过10人。

由于适应了中餐馆和华人生活的需要，荣业行大受欢迎。1977年，叶焕荣的弟弟叶利新也从牙买加来到英国，叶氏三兄弟组成了叶氏兄弟公司，很快就使荣业行成为了英国最大的中国货商店。

如今，荣业行在英国最主要的三大城市伦敦、伯明翰、曼彻斯特拥有4间连锁超市，雇员超过300人，为英国2000多家中餐馆和零售店提供商品，年营业额达到7000万英镑。每个超市的商品都在2500种以上，不仅油、盐、酱、醋等各种调料都有，还有中国蔬菜、速冻食品、传统小吃和厨具。伯明翰的荣业行总部更是一个集中餐、诊所、会计师事务所、律师事务所等多种服务为一体的中心。在英华人再也不用为思念中餐而发愁了。

许多人问叶焕荣，成功的秘诀是什么？他幽默地说："要是真有秘诀我就秘传给我的后代了，不过确实没有。"他认为，"最大的秘诀是没有秘诀"。但对于别人替他总结的"不断学习、思考"和"善于用人"两条，叶焕荣表示同意。

叶焕荣说，他每天醒来第一件事是打开收音机听BBC新闻，下班后还要提一袋子中英文报纸回家看，每次回国，行李中最重的也是书。他最爱读历史，古今中外都爱看。

叶焕荣说，中国人喜欢赞美勤劳，这勤劳二字讲的是"力"，但只知道卖力是不够的。人类的发明创造都是为了省力，用脑才会进步。"我到英国创业没继承什么财产，但却继承了家族做生意的头脑。现在采购全球化，不能不关注世界各地的新闻。读史给人智慧，治国齐家，道理是一样的。做生意靠的不是理论，是实践。"

叶焕荣说，自己没遇过大挫折，因为他"有1000英镑，用300英镑"，稳扎稳打，一步一个脚印。他说，其实做生意不在钱多，而在会用钱。就像日本的柔道，不是靠体重，而是靠巧力和借力。

从叶焕荣的经历我们可以看到，创业道路上，困难多于顺畅；在经营实践中，逆境多于顺境。然而，逆境和困难，亦起到一种激励作用，催生发奋进取的意志。同理，逆境与成功看似是一对矛盾，其实，逆境中隐含着动力，困境催人上进，为摆脱困境会努力工作。不怕吃苦，努力奋斗，只有在身处逆境的情况下，因为生存需要，才有勇气作为。就像处在黑夜的人向往白昼，过冬的人向往夏天是一个道理。因此，只要肯努力奋斗，成功就会在不远处等着你。凡事都受时空、度量、数量及质量的制约。所谓天才，就是努力的力量。创业者拥有身边的万物，但创业者常说自己一无所有。创业者没有成功，是因为创业者没有思考，更没有行动。创业者的许多机遇，在创业者已经麻木的视野里消失了。每个创业者都是一根长短相同的杠杆，能否成功，关键在于创业者能否为自己找到一个最适合的支点。这个支点就在创业者自己的身边，找到了，创业者甚至都能够撬动地球。事实上，伟人和凡人的不同，只是在于能否坚持到最后而已。通常，一个希望成功的创业者，总会不遗余力地获取“得到”的机会，这是很正常的。不过，聪明的创业者不仅会抓住一切“得到”的机会，更会抓住一切“给予”的机会。“给予”虽不会给自己带来直接的利益，但它会为更大的“得到”埋下伏笔。胸怀博大的创业者就能做到。但是无论创业者想成为什么样的人仅靠空想都是办不到的。

俞敏洪提醒创业者，奋斗与成功之间，隔着一个由时间、限度、数量构成的空间，就像冬夏之间，隔着春秋季节一样，四季循环中，春秋的作用，就是通往冬夏的奋斗过程。创业者必须从小事做起，在每天所做的小事中，形成自己的风格，最后完成对自我的塑造。世界上聪明的创业者很多，而成功的却很少，因为很多聪明的创业者在已经具备了可以成功的基本条件时，仍在等待万事俱备，而不是竭力抓住每一次机遇，利用自身所拥有的每一点优势，立即投身进去，从而成长起来。

创业心得

当你选择独立创业以后，需要明白自己应该如何投入。个人企业主与一般工薪阶层有所不同。在个人企业中，你要始终头脑灵活，并需要不断地制造卖得出去的东西，要熟悉财务，要能够做到节约，与人很好地相处。

受雇于别人的公司，薪水会有保障；而在个人企业中，即使你已经开始赚钱，也不能确定什么时候能有利润。你需要财务上的周转资金，而且必须存款，以防账款过期未入。

受雇时，你可以毫无节制地使用办公用品，因为你没有必要考虑花销；而在个人企业中，你得懂得节省开支，注意省钱；还要小心地使用各种设备，以防出现故障。一旦出现故障，你必须耐心等待修理人员修好。这时你将明白“不当家不知柴米贵”的道理，因为你现在是花自己的钱。

当你是个雇员时，如果还没有想到下一步要做什么，老板会立刻告诉你。而在个人企业中，你必须每时每刻有着新的计策，决不能有丝毫惰性。

在你创立个人企业之前，与工薪时期做个比较，就会明白许多道理。个人企业创立开始会相当艰辛，你要努力地工作，在你尚未踏入这个领域之前，请先做好充分的心理准备，想清楚在个人企业里你要的是什么样的生活?

1. 安全感。在开始创业时，很多人都会诚惶诚恐。有些人会因缺乏准备、资金、精力以及对生意的敏感度而使企业以失败告终。创业就象是在下注，其赌注大小因个人情况而有所不同，因此，在下注之前，必须有所准备，尤其在开始时不要太过乐观，这样如果真的亏了，心理上也能承受。

2. 地位。受雇时，如果你有一辆公司配的车，人们总是把你想得比拥有一辆私人轿车的人更重要，而经营个人企业时你就很少有这样的地位。

3. 财富。许多人经营个人企业相当成功，而且赚了很多钱，但是也有一些人赚钱极为有限。为了生活得好，你必须不断地工作。任何有质量的生活背后总是伴随着艰辛的劳动。

4. 家庭。无论受雇时，还是创业时，都应与家里的人更好地相处。但实际上，创业时，你不可能真正地与家人有更多的时间相处交流，你必须用比一般人更多的时间来经营你的企业。尤其在刚创立个人企业时，你会把大量的时间投入到工作中，以尽快创造财富。

5. 休假。你可以休假，但休假越多就意味着收入减少得越多。在你还是工薪阶层时，即使是放假日，你仍然有薪水；而在自己的个人企业中却没有。一旦你创立自己的企业后，就会明白自己根本不存在休假的机会，你会尽心尽责地为自己的企业工作。

经商做生意是一件非常辛苦的工作，并不像大多数未涉商海的人所想象的那样，是一件潇洒有趣的事情。实际上，特别是对一个独立创业者来说，会经常遇到诸如资金、人才、市场等方面的各种困境，所以创业者在尚未踏入这个领域前要有良好的心态，并做好充分的心理准备。

没有勇气和胆量，创业绝不可能成功

只要具备了坚持、耐心和勇气，世界上就没有做不成的事情。

创业，拥有自己的事业，是每个人的梦想，尤其对于现在的打工者，他们不再于满足为别人打工而赚取的一点点钞票，他们都想拥有一份自己的事业，都想有一天成为别人的老板。要想成为别人的老板，就要拥有比别人付出更多心血的思想准备，就要比寻常人更有勇气。

为什么创业者要比寻常人更有勇气呢？我们看看身边，有很多朋友每天都是把想创业，想作生意挂在嘴上，但一天天过去了，却没有去实现自己的梦想，依然还是涛声依旧，为什么他们只是把梦想当成了口号呢？因为他们缺少行动的勇气，他们不舍得扔下自己鸡肋般的工作，他们担心自己失败，他们没有承受风险的勇气，他们只是温室中成长的花朵。

年轻人创业就要有壮士断腕的勇气，如果我们想太多，就会有太多的顾虑，那么我们将一事无成。因为我们还没有开始创业就已经恐慌了，我们还没有行动就已经退缩了，现在很多年轻人是不是都有这样或那样的顾虑呢？

其实每个人都有和大家一样的顾虑，香港首富李嘉诚也不例外，他在创业的时候顾虑也许比我们还多，但是他没有被顾虑吓倒。事实上很多的成功人士都和我们一样，面临选择的时候在担心，在犹豫，在顾虑。那么为什么他们能取得成功呢？主要在于他们有勇气跨过人生的这道坎。其实我们没有必要去担心失败，失败了大不了从头再来。没有勇气去创业，你将永远不会有自己的事业；没有勇气去尝试，你将永远尝不到成功的滋味。

俞敏洪提醒那些想要创业的人，他说："要想创业成功，就要比就业承担更大的风险，但不能因此就不鼓励人们创业。特别是世界经济一体化的纵深发展，中国的市场经济正在逐步完善，在这种大环境下，创业就成为人们实现价值的一个重要途径。经过对中外成功企业家的深入比较研究，发现中国人并不缺少智慧，惟独缺少的就是创业的勇气和信心。如果人们只顾眼前得失，墨守成规，不敢冒险进取，这不仅是这部分人的悲哀，也是整个国家的悲哀。所以，我提倡人们走出自己的安乐窝，大胆创业，从而提升中国全民族的创业能力和创新精神。"

因此，无论是古今中外，要想取得成功，都必须拿出自己的勇气，只有这样，才能实现自己的梦想。对此，俞敏洪在接受媒体采访时强调说：这个世界上失去什么都不可怕，唯一可怕的是失去你的信心，失去你的勇气。

1980 年，俞敏洪坚持考了 3 年后，最终考进了北京大学英语系。在北大，俞敏洪是全班唯一从农村来的学生，而且一开始不会讲普通话，结果从 A 班调到较差的 C 班。大三的一场肺结核又使俞敏洪休学 1 年，人也变得更加瘦削。

1985 年，俞敏洪毕业留在北大成了一名教师，接下来是两年平淡的生活。中国随后出现的留学热潮，让俞敏洪也萌生了出国的想法。1988 年俞敏洪托福考了高分，但就在他全力以赴为出国而奋斗时，美国对中国采取紧缩留学政策。以后的两年，中国赴美留学人数大减，再加上他在北大学习成绩并不算优秀，赴美留学的梦想在努力了 3 年半后付诸东流，一起逝去的还有他所有的积蓄。为了谋生，俞敏洪到北大外面去兼职教书，后来又约几个同学一块儿出去办托福班，挣出国的学费。

1990 年秋天，俞敏洪的如意算盘被打碎了：因为打着学校的名义私自办学，北京大学在校园广播、有线电视和著名的三角地橱窗里高调宣布了对俞敏洪的处分决定。对此，俞敏洪没有任何思想准备。1991 年，俞敏洪被迫辞去了北京大学英语教师的职务，为了挽救颜面不得不离开北大，生命和前途似乎都到了暗无天日的地步。但正是这些折磨却使他找到了新的机会。尽管留学失败，俞敏洪却对出国考试和出国流程了如指掌；尽管没有面子在北大呆下去，反而因此对培训行业越来越熟悉。

离开北大后，俞敏洪开始在一个叫东方大学的民办学校办培训班，学校出牌子，他上交15%的管理费。这一年俞敏洪29岁，他的目标是挣一笔学费，摆脱生活的窘境，然后像他的同学和朋友一样到美国留学。

俞敏洪在中关村第二小学租了间平房当教室，外面支一个桌子，放一把椅子，东方大学英语培训班正式成立。第一天，来了两个学生，看东方大学英语培训部那么大的牌子，只有俞敏洪夫妻俩，破桌子、破椅子、破平房、登记册干干净净，人影都没有，学生满脸狐疑。俞敏洪见状，赶紧推销自己，像是江湖术士，凭着三寸不烂之舌，活说死说，让两个学生留下报名。夫妻俩正高兴着呢，两个学生又回来了，他们心里不踏实，把钱又要回去了。尽管困难重重，但拼死拼活干了一段时间后，俞敏洪的培训班渐渐有了起色。

眼看着培训班越来越火，俞敏洪渐渐萌生了自己办班的念头。1993年，在一间10平方米透风漏雨的小平房里，俞敏洪创办了北京新东方学校。俞敏洪说：最初成立新东方，只是为了使自己能够活下去，为了每天能多挣一点钱。作为一个男人，快到三十而立的年龄，连一本自己喜欢的书都买不起，连为老婆买条像样的裙子都做不到，整个家庭无家可归，连家徒四壁都谈不上，自己都觉得没脸活在世界上。

当时他曾对自己说：只要能赚到十万元钱，就一辈子什么也不干了。到今天，新东方已成为中国最大的私立教育服务机构，在全国拥有25所学校、111个学习中心和13个书店，大约有1700名教师分布在24个城市。目前累计已有300万名学生参与新东方培训，仅2006年就有87.2万名。外语培训和考试辅导课程在新东方营业收入中所占比例高达89%，是该公司最主要的营收来源和增长动力。

俞敏洪说，新东方走到今天，不在我的意料之中，因为最初只是为了糊口，招几个学生办个小小的补习班而已。新东方到了今天，让我们有了更多的期待，希望能够用自己的行为和思想，为中国学生做更多的事，为中国教育做更多的事，为中国未来做更多的事。新东方为何能从竞争激烈的英语培训市场脱颖而出，俞敏洪说自己最成功的决策，就是把那帮比他出息的海外朋友请了回来。

任何一个人办了新东方都很正常，但唯独我是例外。因为我在同学眼里是最没出息的人。我的成功给他们带来了信心，结果他们就回来了。1995年底，积累了一小笔财富的俞敏洪飞到北美，这里曾是他心牵梦绕的地方，当年就是为了凑留学的费用，他丢掉了在北大的教师职位。在加拿大，曾经同为北大教师的徐小平听了俞敏洪的创业经历怦然心动，毅然决定回国和俞敏洪一起创业。

在美国，看到那么多中国留学生碰到俞敏洪都会叫一声俞老师，已在美国贝尔实验室工作的同学王强也深受刺激。1996年，王强终于下定决心回国。在俞敏洪的鼓动下，昔日好友徐小平、王强、包凡一、钱永强陆陆续续从海外赶回加盟了新东方。经过在海外多年的打拼，这些海归身上都积聚起了巨大的能量。这批从世界各地汇聚到新东方的个性桀骜不驯的人，把先进的理念、先进的文化、先进的教学方法带进了新东方。

俞敏洪笑言自己是一只土鳖带着一群海龟奋斗。如何将这些有个性的人团结到一起，并让每个人都保持活力和激情，是俞敏洪首先要面对的问题。俞敏洪说，在新东方，没有任何人把我当领导看，没有任何人会因为我犯了错误而放过我。在无数场合下，我都难堪到了无地自容的地步，我无数次后悔把这些精英人物召集到新东方来，又无数次因为新东方有这么一大批出色的人才而骄傲。因为这些人的到来，我明显地进步了，新东方明显地进步了。没有他们，我到今天可能还是个目光短浅的个体户；没有他们，新东方到今天还可能是一个名不见经传的培训学校。

像所有处于快速成长期的民营企业一样，新东方几年后也遇到了一次次人事危机。2001 年 8 月，新东方创业三位元老之一的王强决定出走。人们都清楚，新东方可能正沿着一个大家十分熟悉的道路向下滑行，可能面临一个私营企业由于决策失误、理念不合、利益纷争而导致的内部分裂，有可能出现盛极而衰、灰飞烟灭的庸俗结局。庆幸的是，在俞敏洪的极力挽留之下，王强最终没有离开。

新东方的内乱没有就此结束。2003 年，北京新东方学校另一位副校长、著名 TSE（英语口语测试）教学专家杜子华离开了管理层。2004 年，新东方的另外两名干将江博和胡敏也低调离开新东方。

然而新东方在美国纽交所上市后，俞敏洪身价已逾 10 亿，其他董事会成员徐小平、包凡一、钱永强身价可能也将上亿。自此以后，在资本力量的左右下，这个一只土鳖带着一群海龟奋斗的故事仍将继续。

从俞敏洪的创业经历来看，如果没有当初的勇气，俞敏洪也许仍然在北京大学教英语，或许默默无闻，绝对不可能取得今天如此辉煌的成绩。

创业是一条未知的道路，一路上可能会遇到许多我们难以预料的困顿和窘境。所以在创业之前，所有人都难免会有疑虑：产品会有市场吗，公司能熬到赚钱那一天吗，辛苦付出会有回报吗，万一失败了，别人会怎么看自己……

如果在创业还没开始时就战战兢兢、如履薄冰，甚至无故产生退缩心理，那么可以确定，创业者已经陷入了恐惧心理的困境之中。

恐惧是一种沉重的心理负担，会极大地影响创业者的判断力和决断力，甚至会让创业者失去信心，停滞不前。如果无法摆脱恐惧心理，即使强行创业，最后也逃不过失败的结局。

说到这里，有这样一则故事：

小李最近十分纠结，原因就是他的朋友手头上有个项目，因为没有能力独自去完成，所以找到了他，朋友对小李说："这个项目很不错，收益十分可观，虽然风险是有一点儿，但是都在可以控制的范围之内。"

其实小李很早就想自己干点事情了，现在一个挺不错的机会摆在眼前了，可他却有些拿不定主意。他没有去想这个项目的可行性，而是在心里反复地琢磨：万一要是赔了咋办？就算赔不了多少钱，那也是自己辛辛苦苦攒的。孩子明年就上大学了，母亲身体不好，处处都要用钱，我要是赔了，以后的生活就更难了。而且有这么好的项目，他干吗不找别人，非要来找我？是不是有什么目的？

小李越琢磨越害怕，越害怕越拿不定主意，最后朋友只好对他说："你要是不干就算了，我去找别人吧。"

就这样，小李错失了一个创业的好机会。

小李就是因为恐惧、因为"怕"才错失了良机。其实这个"怕"字，左右两边分开来看就是个"白担心"，事实上，创业者的恐惧在很多时候也是来源于"白担心"。

恐惧心理的产生并不是因为创业路上的具体难题，而是在创业之前就已经在毫无理由地担心失败和失败之后的种种后果。这种恐惧心理，只会加重创业者的心理负担。所以，我们必须要先学会克服这种恐惧心理，只有这样才能轻松上阵，从而实现自己的创业梦想。

当年牛根生迫于种种压力离开了伊利公司。那段时间里，牛根生一直在思考自己将来何去何从。

“自己开一家乳制品公司?”这个念头在牛根生的脑子里反复地浮现。但是考虑到伊利的强大和自己有限的资金，他觉得很难成功。一开始，牛根生还能比较客观地思考这个创业想法的可行性，但是到了最后，他满脑子想的都是：如果失败了怎么办？不仅颜面无存，甚至可能会让自己毕生的积蓄化为乌有。家怎么办，孩子怎么办……

关键时刻，牛根生朋友的一句话点醒了他：“不去试试，光是往坏处想，到头来还弄得自己挺紧张，天天思前想后，除了吓唬自己有啥用!”

在朋友的鼓励下，牛根生决定放开恐惧，先大干一场再说。

乳制品帝国——蒙牛公司从此诞生。

创业前的恐惧在所难免，但是只有像牛根生这样，最终从无谓的恐惧中走出来的人，才可能成功。像小李那样，因为恐惧使得创业计划胎死腹中的人，无疑是丧失了一次改变人生的机会。

创业恐惧症是所有创业者的一块试金石。在恐惧面前，有的人退缩了，依然老老实实地做着打工仔，庸庸碌碌地了此一生；但有些人却因此激起创业的斗志，最终获得了成功。所以说，走出创业恐惧心理的泥潭是成功的第一步。

成功的创业者为什么没有被恐惧击倒呢？归结说来，是因为他们有以下几个应付恐惧的武器：

1. 为自己制订一个创业计划

恐惧来源于未知，如何让创业路上的“未知”变成相对的“已知”呢？其实很简单，那就是在创业计划上多下工夫。

写下自己对创业的想法、创业的目标，确定你将要做什么事情；看看手头存有多少钱，还需要多长时间来筹集资金，计划好自己创业的时间，在此之前要为创业做好准备；确定自己想创造怎样的工作环境，以及企业将为哪类顾客提供服务；还应当参加一些管理和市场营销的培训，为以后做准备；如果还有没完成的准备工作，把它们一一列出来，并逐一完成。

2. 让信心为自己打气

放弃稳定的工作和收入，开始你前景并不明朗的创业之旅，要承担很多的风险，因此成功的创业者一定是那些对自己十分有信心的人。而正在创业或试图创业的你，是否有足够的信心面对创业路上的风雨兼程呢？

信心其实也是可以培养的，你可以做一些自己感兴趣的事情，帮助自己找到创业的方向；每天尝试一些新鲜事物，学会适应变化，降低对创业的恐惧感；勇敢面对自己害怕的事情，锻炼勇气和信心。想象一下将来成功时的景象，也可以使自己更自信。

3. 真正谨慎的人是不会恐惧的

很多人认为谨慎的人更容易恐惧，这是错误的，真正谨慎的人，他们有自己的判断，对局势有清醒的认识，对后果有足够合理的预测，所以他们是不会恐惧的。

那种天生的恐惧派，在打算创业之后就会开始害怕，因此迟迟不敢有所动作，他们之所以恐惧，其实就是因为他们总在想坏的结果，但是如何避免坏结果的产生，他们却从来没有想过。最终，他们会被恐惧心理打倒，失去创业的激情。

真正谨慎者，可能也是迟迟没有动作，但是他们心中想的问题却和恐惧派截然不同，他们在想创业过程中可能会遇到的难题以及应对的方法，他们不会有恐惧，因为他们对未来有足够的判断力和规划，当他出手的时候，已经是稳操胜券了。

我们要想成功，有很多条路可以选择，但永远不能退缩，成功绝不会喜欢胆小鬼。有“创业教父”之称的马云曾经说过：“好像没有什么东西我最恐惧”；著名企业家王石也不惧艰险，敢于挑战极限，在年近花甲攀登了珠穆朗玛峰。

创业需要资本，需要资源，但更需要的是勇气和有应对一切风险的抗压能力。

创业路上总会有太多的问题和借口，年龄太大或者太小，资金不足，经验不够成熟，会不会亏本，创业做什么好，目标又在哪里……随着岁月流逝，往往那些白手起家、创立事业的梦想，也变得越来越渺茫，创业迈出第一步的勇气慢慢消失殆尽。

工作不如意，压力太大，想跳槽你就尽管跳槽吧！前怕老虎后怕狼，苦思冥想不如果断行事，未来的未知，更有挑战和乐趣。

工作不自由，赚不到钱，没钱买房子，没钱买车子……想创业你就尽管创业吧！你是否有创业的天赋？你有没有获得创业情报的能力？你创业能不能成功？又能做到什么目标？所有那些未知数，只有尝试过了，你才可以安心接受你现在的生活，而不是郁郁寡欢，总是觉着活得不尽人意。

创业，需要兴趣。你不喜欢，也就没有必要去憧憬。创业是一条坚持的生意之路，前提就是“我喜欢”！创业就是你的目标，你要为之去奋斗，之后再解决阻挡你前进的各种各样的问题。这些问题就像那些拦路的石头，需要你从心里和现实中一块块地搬开。

创业的种种拦路虎，主要矛盾还是集中在资金问题上，没有钱怎么创业？解决方法就是从最微小的生意做起，比如可以尝试练地摊，看准一种商品找销路，到一个厂家去谈谈你的无本买卖等。微小的生意积累起你创业路上最重要的经验。自己管自己，自己辛苦自己，自己面对最初的坎坷和寂寞。几元几百的积累，为更大的事业做前期铺垫。在最小的生意中你总能遇到很多机遇，甚至是你的贵人，一个足以改变你的人生、缩短你创业历程的惊喜。就算这些都没有遇到，那些商业经验也都是你赚到的财富啊！总会有前景无限的创业商机能让你赚到钱！

为什么成功的人寥寥无几？是因为大多数人喜欢半途而废，而成功者拥有执著的信念，而非半途而废的退后者。其实，在创业路上，只要你有不达目的决不罢休的意念和孤注一掷的决心，那么你就已经成功一半了。

如果你有少部分资金可以进行创业，却没有目标，正在盲目着不知所措，你不妨静下心来想一想你的亲戚、朋友或者邻居，谁在创业并赚到了钱？谁的生意更赚钱一些？需要多大的投资？仿效一些身边的成功者也不失为一条创业捷径。一个人的成功往往会带动一个家族或者一个团体的成功。

创业没有年龄局限，创业没有地域分别，创业没有任何的借口！马上行动，你就成功了一半！

创业心得

俞敏洪告诫每一个创业者，“任何时候勇敢地追求，你就不会有多大的损失，不追求损失就大了。确实，每个人都希望自己能够成功，都希望自己有一个自我表现的舞台，如果真想成功创业，那么千万不能忘记一条：在创业的道路上，除了说干就干，还是说干就干。”

一、要敢于突破现状。人们常说习惯成自然，但习惯既是提高效率的手段，又是束缚创业者思维方式的桎梏。如果创业者每天面对每一个状况，都用同一种思维模式、同一种方式来处理，很可能会成为向前迈进的障碍，所以创业者每隔一段时间就应该自省一下：我们的工作有没有突破？我们的效率是否有提高？有没有更好的处理方式？处理每件事情的态度和方式是否恰当？有没有可以突破和创新的方面？这样才能够取得更大的成功。

二、要敢于与众不同。一般说来，成功创业者不仅要有独立思考与判断的能力，更重要的是要有自己的见解，而不要人云亦云和哗众取宠。能坚持自己的看法不仅需要敢想敢干，还要有一种在真正了解的前提下创新的能力。

三、要勇于坚持。成功的创业者在取得成功之前，前行的道路很少有一帆风顺的时候，意想不到的困难经常会在意想不到的地方等他。能够坚持下去的人，才是笑到最后的人。坚持下去包含很多意义，比如：信仰、信念、追求、面对困难时的态度等。林肯在总统的就职仪式上，记者问他成功的秘诀，林肯淡淡地说了两个字：坚持。坚持是人的耐力，而非短暂的爆发力；是润物细无声的渗透，是滴水穿石、锲而不舍、认真执著的精神。为此，成大事者必须要有敢想敢干的精神和坚持到底的毅力，否则一切将无从谈起。

创业是成长的过程，良好的心态必不可少

我们每一个人，都应该像树一样成长，即使我们现在什么都不是，但只要如同树种一般，即使被踩到泥土中间，依然顽强地吸收泥土的养分，那就会成长起来。

创业是人类最基本的生存方式。人类自在地球上站立起来的那一刻起，便以拓荒者的步伐，踏上了创业的路程。我们居住的星球，原来除了物质以外，什么也没有，正是由于人类的创业活动，才使它变成了百业兴旺、五谷丰登的家园。

创业是一切财富的源泉，它使人们富有、社会繁荣、国家昌盛。我们在生活中享受的各种物质和精神文明的成果，无不是创业者劳动和智

慧的结晶。创业必须要花费时间和付出努力，并承担相应物质的、精神的和社会的风险，才能获得财富的回报、个人的满足和独立自主。创业并不是只靠努力和拼搏就能成功的，它还需要智慧，需要创造！巴黎有个年轻的画家，他倾尽家产，在巴黎著名的艺术街上开了一家画廊，展示自己的作品。这条艺术街很有名，许多大腕画家都在这里展示作品，不少价值不菲的艺术品都在这里被买走。画廊开张后，年轻的画家才发现：这条艺术街上已有太多的画廊，除了几十家装饰特别讲究的知名画廊外，像他开的这种小画廊根本没有什么人光顾。苦苦支撑了几个月后，画家决定关掉画廊，关门前的这天下午，心情烦闷的他来到街头一家小咖啡馆。

望着来来往往、络绎不绝的客人，他一边喝着咖啡，一边观察着。他发现，这虽然是一家小小的咖啡屋，客流量却相当大。他脑子里突然闪过一个念头：为何不在艺术街上开一家咖啡屋？一周后，艺术街的一个角落出现了一家小小的咖啡屋，虽然并不显眼，但咖啡的香气足以吸引过往的行人。当人们走进咖啡屋，坐下来喝咖啡的时候，惊奇地发现，咖啡屋的墙上挂满了一幅幅精美的画作。边品尝可口的咖啡，边欣赏动人的画作，客人们陶醉了。年轻画家的咖啡屋在艺术街上一炮打响，门庭若市。来喝咖啡的客人中有不少艺术品投资者，纷纷问起这些作品的来历。不久，“咖啡屋的老板竟是画家”的消息在艺术街上传开了，年轻画家的咖啡屋名扬巴黎，他的作品被抢购一空。年轻画家一开始“出师不利”，是因为过于乐观地估计了形势。在对手众多的情况下，如果自己的经营没有特色，很难在竞争中取胜。幸运的是，画家后来找到了与众不同的经营策略，利用咖啡屋来聚拢人气，利用“咖啡屋老板兼画家”的身份来吸引眼球，最后名利双收。

这个事例告诉我们，创业过程中难免碰壁，这时切莫硬钻牛角尖，不妨换个角度，说不定就能闯出一番名堂。“天生我材必有用，千金散尽还复来”，一个创业者应该有这样的胸怀，创业者还要有一种不灰心、百折不挠的精神。古人说“未思进，先思退”，创业过程尤其是这样，所以，创业之初首先要对失败有思想准备，在畅想成功之前应多想想失败。

确实，在创业过程中，创业者随时都会碰到困难和挫折，甚至还会遭遇致命的打击，在这种时候，心态的积极与否会对创业的成败产生重大的影响。

有位大师，三十而立之时才开始创业，苦心经营，终修得正果，他就是新东方创始人，俞敏洪。他在演讲中这样说道：如果你拥有了下面所说的心态，那么创业路即使再艰辛，我想也不算什么。人的生活方式有两种，第一种方式是像草一样活着，你虽然活着，每年还在成长，但是你毕竟是一棵草，尽管你拼命雨露阳光，但还是长不大。人们踩过你，但是人们不会因为你的痛苦，而产生痛苦；人们不会因为你被踩了，而来怜悯你，因为人们本身就没有看到你。第二种方式是像树一样成长，即使我们现在什么都不是，但是只要你如树的种子一样，即使被踩到泥土中间，你依然能够吸收泥土的养分，自己成长起来。当你长成参天大树以后，远在天涯，人们都能看到你；近在咫尺，你也能给人一片绿色。活着是美丽的风景，死了依然是栋梁之才，活着死了都有用。这就是我们每一个同学做人和成长的标准。每一条河流都有自己不同的生命曲线，但是每一条河流都有自己的梦想——那就是奔向大海。我们的生命，有的时候会是泥沙，慢慢地沉淀下去。一旦你沉淀下去了，也许你不用再为了前进而努力了，但是你却永远见不到阳光了。所以我建议大家，不管你现在的生命是怎么样的，一定要像水一样不断地积蓄自己的力量，不断地冲破障碍。当你发现时机不到的时候，把自己的厚度给积累起来；当有一天时机来临的时候，你就能够奔腾入海，成就自己的辉煌。

强者对待事物，不看消极的一面，只取积极的一面；强者每一天都相信会有新生命诞生而充满希望，尽管这一天有许多麻烦事等着他；强者又把每一天都当作生命的最后一天，倍加珍惜。所以，在创业起步阶段，创业者要做好心理准备。

第一，要有积极、乐观、自信的心态，战略上藐视敌人，战术上重视敌人。创业也许很顺利，也许是一条充满艰难和风险的道路，但不管怎样，对于一个创业者来说，首先要自信，要相信自己的选择是正确的，相信自己能成功。自信是人生和事业成功的基础，如果你对自己的选择一点都没信心，不如干脆放弃。当然自信不是盲目的自信，而是建立在理性分析基础上的自信。

第二，要有吃苦的心理准备。创业不同于上班，朝九晚五，时间固定，每个星期还有两天假日可休息、可娱乐，可进行心理休养。而自己创业，意味着没有休息日，意味着没有固定的休息时间，加班变成一种常态；还意味着你必须什么活都做，重的，轻的，精通的，不熟悉的，你都要事必躬亲。创业的时候，没有老板的约束，你必须克服身上的惰性，学会约束自己。

第三，要有独立分析和决策的心理准备。读书时，你不用操心，父母给你安排好了一切，你的道路很清晰。上班时，作为一个普通员工，或许你已经习惯了老板或上司给你分配工作任务，一句话，你可以有一定的依赖性。而当你选择了自己创业，你就无法享受这种依赖性，一切都要靠你自己，你必须对自己负责，父母和朋友只能起辅助作用，甚至根本无法依靠。这时你就必须培养独立的分析能力和决策能力。你必须自己给自己制订工作计划，学会事务管理。你必须自己决定经营和发展方向，自己决定怎样调配资源。

第四，要有承受压力和挫折的心理准备。因为是自己的事业，你会面临很多压力：经营处于低潮怎么办，客户纠纷怎么处理，员工工作不称职怎么办，工商税务怎么应对，资金链断裂怎么办，遇见突发事件怎么处理。这一切都会让你产生压力感和挫折感，让你痛苦，让你辗转难眠。同时创业还面临一定的风险，有可能会失败，甚至辛辛苦苦筹集的资金都打了水漂，让你第一次创业遭受沉重的打击。因此，创业者必须有承受压力、挫折和困难的心理准备。

良好的创业心态，是每个创业者步入成熟、走向成功的基础。成功得意而不忘形，遇挫临危而不慌乱，这些都是创业者保持良好心态的准则。

创业者要保持良好的心态，首先要有艰苦创业的思想准备。所谓思想准备，是指创业者对创业的每一阶段可能遇到的困难和挫折有足够的思想准备，并且在创业过程中每走出一步都应有较完善计划。创业不能急功近利，只有不断调整心态，才能从容面对一切迎面而来的问题。

调整心态最简单的办法，就是从一开始时就进入调整的状态。譬如：

在选择创业项目时，应该按照自己的兴趣、能力和项目市场前景综合评估后，才作出决定，决不能人云亦云地盲目冲动。企业创办后，一旦出现问题，应该冷静面对、认真分析、逐项解决，决不能由于某个环节上出现问题后产生浮躁情绪而怨天尤人，或者只找客观原因，忽视主观检讨。调整心态最简单的办法，就是要从容不迫、专心致志地做好每一件事，避免“欲速则不达”，良好的心态所带来的回报就会不期而至。

面对企业现金流量减少、企业出现亏损或员工流失，有些创业者的心态可能会降至低潮期，甚至精神颓废。这时，调整“颓废”的心态，要比调整“亢奋”的心态艰难得多。一方面，应该找个恰当的方式将怨气彻底释放；另一方面，则应该认真审视自己的缺陷，以便形成对外部世界的正确认识。在创业的逆境中调整好心态，获得成功的概率也会更大。

心态是控制创业心灵平衡的基础，调整心态是一件循序渐进的事，同样也是每个创业者每天的“功课”。

以下是创业者成功必备的心态：

1. 归零的心态

归零的心态就是“空杯”、谦虚的心态，就是重新开始。第一次成功相对比较容易，第二次却不那么容易了，原因是不能归零。长安集团的总裁在接受中央电视台《东方之子》栏目采访的时候说过一句话：往往一个企业的失败，是因为曾经的成功，过去成功的理由是今天失败的原因。

2. 学习的心态

成功学大师一致认为：学习是最便宜的投资，时间是最昂贵的投资。的确如此，学习是世界上最占便宜的事情，我们只要花 1 ~ 2 个小时就可以学到别人几乎毕生的经验，避免了大量的摸索时间。因此，大凡成功的人都是虚心好学的人。

3. 感恩的心态

感恩是中华民族传统的美德，只有懂得感恩的人才是富足的人。我们一定要有感恩的心态，感恩就是感恩一切。感恩包括坎坷、困难和我们的敌人。事物不是孤立存在的，没有周围的一切就没有你的存在。

4. 积极的心态

所谓积极的心态是指鞭策自己、战胜自己的心理素质。事物本身就是一个动态的进化趋向。积极的心态看到的是事物好的一面，而消极的心态则反之。积极的心态像太阳，照到哪里哪里亮；消极的心态像月亮，初一十五不一样。

5. 付出的心态

它是一种因果关系，也是舍得的关系。所谓付出，就是指为自己做事的心态，要把手头的工作当作事业来做，自己要勇于承担。承担是成长的开始，成长是成熟的开始，成熟是成功的开始。

6. 合作的心态

合作是一种境界，合作可以赢得天下。合力不只是加法之和，而是“1+1=11”再加 1 是 111，这就是合力，但有一个 1 倒下了就变成了 –11。

7. 坚持的心态

有句名言说：伟大的成功者，是那些在多数人因失败而摘下头盔时，仍勇于抵抗的人。没有人可以一步登天，一而再的挫败正是成功路上的指路牌。

美国成功学学者拿破仑·希尔关于心态的意义说过这样一段话：“人与人之间只有很小的差异，但是这种很小的差异却造成了巨大的差异！很小的差异就是所具备的心态是积极的还是消极的，而结果就是成功和失败的区别。”一个人面对失败所持的心态往往决定他一生的命运。积极的心态有助于人们克服困难，使人看到希望，保持进取的旺盛斗志；消极的心态使人沮丧、失望，对生活和人生充满了抱怨，自我封闭，限制和扼杀自己的潜能。

美国宾州大学的塞利格曼教授曾对人类的消极心态作过深入的研究，他指出三种特别模式的心态会造成人们的无力感，最终毁其一生。它们是：

1. 永远长存。即把短暂的困难看作永远挥之不去的怪物，这是在时间上把困难无限延长，从而使自己束缚于消极的心态不能自拔。

2. 无所不在。即因为某方面的失败，从而相信在其他方面也会失败。这是在空间方面把困难无限扩大，从而使自己笼罩在失败的阴影里看不到光明。

3. 问题在我。即认为自己能力不足，一味地打击自己，使自己无法振作。这里的“问题在我”，不是勇于承担责任的代名词，而是在能力方面一味地贬损自己，削弱自己的斗志。

创业心得

俞敏洪提醒创业者，要想取得举世瞩目的惊人业绩，创业者就必须保持良好的创业心态。通常，良好的心态包括：第一，艰苦创业的思想准备。所谓思想准备，是指创业者对在创业的每一阶段可能遇到的困难和挫折有足够的思想准备，并且在创业过程中每走出一步都应有较完备的计划；第二，创业者不能急功近利；第三，创业者要不断调整自己的心态，从容面对一切迎面而来的问题。调整心态最简单的办法，就是从一开始时就进入调整的状态。在选择创业项目时，应该按照自己的兴趣、能力和项目市场前景综合评估后，才作出决定，决不能人云亦云地盲目冲动。企业创办后，一旦出现问题，应该冷静面对、认真分析、逐项解决，绝不能由于某个环节上出现问题后产生浮躁情绪而怨天尤人，或者只找客观原因忽视主观检讨。创业者在对待每一件事上要从容不迫，要专心致志地做好每一件事，避免欲速而不达。

有思想的创业者，创业成功的概率会大增

商业思想就是一种思维方式，一种处理问题和解决问题的方法。

商场如战场，企业经营者就如指挥千军万马之将帅，有思想的将帅往往会占据有利的形势，最终取得战争的胜利。正如俞敏洪所说，思想是人的翅膀，带着人飞向想去的地方。有一句广告说得好："思想有多远，我们就能走多远。"给思想一片天空，我们的创业行动将变得轻松。

创业是非常艰辛的，人们一般认为要经历从"无"到"有"的质变；从"小"到"大"的裂变；从"创业"到"守业"的历练；从"艰辛"到"艰苦"的更替；从"失败"到"成功"的转换；从"悲伤"到"喜悦"的体验。然而这一系列的转变与升华只是我们单相思的理所当然，

更可怕的是有时还会按此规律倒过来运转。

诚然，一个人的思想达到一定高度的时候，是可以去支配你想支配的东西的，包括资源、人力、处境、将来……有道是："小赢靠智，大赢靠德!"世界上成功之道理，实乃博大精深。我们要读懂的道理真的太多太多，其实，用一个"悟"字就可以诠释这瀚海无边的大智大德!

思想一旦成熟，足可以指挥千军万马，征服所有。我们的毛泽东思想就奠定了中国革命的成功，我们的邓小平理论就引导了改革开放的进程并取得经济建设的伟大成就。这就是伟大思想的力量。

而作为创业者，我们又需要一种什么样的思想呢？也许，眼前的你的思想还只能征服几个工人；也许，眼前的你已经可以用自己的思想来领导创业的方方面面；也许，眼前的你的创业思想正在发芽。然而，这所有的情形只能说明一个问题：在创业中，思想的力量最大，大过金钱。

相反，如果一个创业者没有一点思想的话，遇事不懂得分析，不懂得解决难题，没有正确的思想观念，可能就会放弃自己的追求，到头来就是屡战屡败。

不要埋怨没有创业的本钱，其实，所谓本钱就是除了你拥有的价值千万的生命，还有赋予该生命的灵魂——正确的思想。换句话说，思想到位，创业的本钱便已到位！思想是伴随行动的，在具体的行动中才可以迸发出思想，而思想又可以引领下一步的正确行动!

思想，没有大小之分，只有有用和无用之分，我们应当积累有用的思想，不应当有一些歪门邪道的错误思想。有用的思想发展壮大之后，就会形成一种文化，这种文化就更具生命力，因为文化的东西可以相互学习，相互传递，相互感染。这就是为什么我们说一个企业的文化多么地重要，因为这样的文化最初来源于创业者的思想，是在企业一步一步向成功迈进的过程中积累和沉淀出来的，是具有强大力量的：团结的力量，奋斗的力量，前进的力量，发展的力量……

借用阿基米德的名言："给我一个支点，我可以撬动整个地球。"在很多人看来，这个支点是信念、是勇气、是机遇，但在我们看来，这个支点就是一种思想。当然现在的创业更难一点，竞争更加激烈一点，需要更多的资金，但是，只要你有一个合理的目标，有一个合理的梦想，就可以把事情一点一点积累起来；最怕太着急，一着急以后，基础就会不牢固，就无法盖起高楼，钱扔进去以后就再也出不来了。所以在创业的时候，要记得佛教中的一句话"急事慢做"，就是越着急的事情，越要紧的事情，就越要慢点来做，有的时候想不清楚的事情，稍微等一等，可能会比你匆忙去做要更有效一点。以下是创业的四个思想误区，大家可以借鉴一下：

1. 创业者需要良好的教育背景

总的来说，接受过良好教育的人做起生意来会容易一些，这是不用怀疑的，但这也只是就"总的"情形来说。社会上受过良好教育而做生意失败的人有的是，没有接受完整教育而成功的企业家也不在少数。良好的教育带给人信心，帮助人站上较高的起点，但是投入工作以后，"社会大学"的成绩才是决定你工作成果的因素。能不能创造工作成果的关键在于创业者是否有继续保持学习的心态，而过去学历对你的影响将会慢慢消失。

日本松下电器的松下幸之助、台湾塑胶巨子王永庆的正式学历都不超过小学程度，但他们都凭个人的努力创造了辉煌的事业，他们旗下都有大量博士、硕士，您能说与学位一定成正比吗？创业者必须比别人聪明吗？某一项以许多大老板为对象的调查告诉我们：没这回事！聪明人固然反应快些，但追求成功的旺盛企图心，却未必比另一位智力中等、竭尽所能的创业者强。另外，商场上大量的决策工作，往往不是靠聪明脑袋想出来的好点子决定的，而是依靠深通人性、精于世故的判断力来决定的。

2. 创业者得有充足的资本

商业圈里“资金缺乏”是普遍现象，银行家少的是几十亿头寸，企业家缺的是几百、几千万项目基金，巷子口的小店也需要借个几千元周转。但资金不足并不是创业的绝对障碍，创业者可以从不需要大量资金的小生意做起，或是把创业计划缩小，再不然创业者还可以把它拆作几个分块。总之，创业者总找得出办法，先把生意做起来。等最初的生意做成功赚了钱，再设法扩大生意范围。只要创业者掌握住做生意的原则和足够的运气，最后还是能够发展起来的。

3. 创业必须不择手段

我们不敢说商场上没有诡诈，但愈是做正经生意、长生意或是大生意，诡诈的作风愈是没有作用。我们经常发现的偷斤减两、假冒伪劣现象，不是上不了台面的小商小贩，就是见不得天日的歹徒所为。我们创业的目的是安家立业，贡献社会。我们的目标是“自我实现”和做一个

“令人尊敬的企业家”。我们没有理由降低我们的做人标准来向不肖的商人看齐。

4. 创业者先要有好的构思

真正好的构想，常常是在不够好的构想上全力以赴奋斗一番以后才会出现的。难道我们就因为只是一些普通的构想就停步不前，放弃创业的心愿吗？所谓好的构想还须经过市场验证才算得上好，既然我们的知识和经验天天都在增加，我们的创业构想当然也经常需要调整、修正、补充、创新。所以，当其他条件都基本具备的时候，即使创业构想并不显得那么突出，我们仍然可以选择“在相同水平下和人公平竞争”的方式，开始我们的事业。成功的关键在于实践。将中等的生意构想，完全彻底地执行、实践出来，我们至少可以得到一个中等的成果。徒然拥有上好的主意，却不用心执行，结果可能什么也得不到。

创业心得

创业心理品质对创业实践起调节作用。研究表明，下列6种心理品质对创业实践影响较大。

1. 独立思考、判断、选择、行动的心理品质

创业既可为社会积累物质财富和精神财富，又可以谋生和立业。创业者首先要走出依附于他人的生活圈子，走上独立的生活道路。因为，独立性是创业者最基本的个性品质。这种品质主要体现在：一是自主抉择，即在选择人生道路、选择创业目标时，有自己的见解和主张；二是自主行为，即在行动上很少受他人影响和支配，能按自己的主张将决策贯彻到底；三是行为独创，即能够开拓创新，不因循守旧，步人后尘。

当然，我们提倡创业者具有独立性的人格，但这种独立性并不等于孤独，也不是孤僻，因为创业活动尽管是个体的实践活动，但其本质是社会性的活动，是在人与人之间的交往、配合、协调中发生、发展并且取得成功的。因此，创业者在具有独立性品质的同时还应具有善于交流、合作的心理品质。

2. 善于交流、合作的心埋品质

在创业道路上，必须摒弃“同行是冤家”的狭隘观念，学会合作与交往。通过语言、文字等多种形式与周围的人们进行有效的交流与沟通，可以提高办事效率，增加成功的机会。在创业过程中，需要与客户和顾客打交道，与公众媒体打交道，与外界销售商打交道，与企业内部员工打交道，这些交往、沟通，可以排除障碍，化解矛盾，降低工作难度，增加信任度，有助于创业的发展。

3. 敢于行动、敢冒风险、敢于拼搏、勇于承担行为后果的心理品质

在市场经济大潮中，机会与风险共存；只要从事创业活动，就必然会有某种风险伴随，且事业的范围和规模越大，取得成就越大，伴随的风险也越大，需要承受风险的心理负担也就越大。立志创业，必须敢闯敢干，有胆有识，才能变理想为现实。只要瞄准目

标，判断有据，方法得当，就应敢于实践，敢冒风险。对瞄准的目标敢于下手，选定的事业要敢为。敢为的人对事业总是表现出一种积极的心理状态，不断地寻找新的起点并及时付诸行动，表现出自信、果断、大胆和一定的冒险精神；当机会出现的时候，往往能激起心理冲动。敢为不是盲目冲动、任意忘为，不能凭感觉冲动冒进，而是建立在对主客观条件科学分析基础上的。成功的创业者总是事先对成功的可能性和失败的风险性进行分析比较，选择那些成功的可能性大而失败的可能性小的目标。创业者还要具备评估风险程度的能力，具有驾驭风险的有效方法和策略。

4. 敢于克服盲目冲动和私利欲望的心理品质

在创业过程中，创业者要善于克制，防止冲动。克制是一种积极的有益的心理品质，它可使人积极有效地控制和调节自己的情绪，使自己的活动始终在正确的轨道上进行，不会因一时的冲动而引起缺乏理智的行为。

创业者在创业过程中要自觉接受法律的约束，合法创业、合法经营、依法行事；自觉接受社会公德和职业道德的约束，文明经商、诚实经营、互助互利。当个人利益与法律和社会公德相冲突时，要能克制个人欲望，约束自己的行为。

5. 坚持不懈、不屈不挠、顽强努力的心理品质

创业者需要具有百折不挠、坚持不懈的毅力和意志。能够根据市场的需要和变化，确定正确而且令人奋进的目标，并带领员工战

胜困难实现目标。创业者必须有一颗永远持之以恒的进取心，三心二意、知难而退，或虎头蛇尾、见异思迁，终将一事无成。

创业者的恒心、毅力和坚韧不拔的意志，是十分可贵的个性品质。遇事沉着冷静，思虑周全，一旦作出行动决定，便咬住目标，坚持不懈。创业过程是一个长期坚持努力奋斗的过程，立竿见影、迅速见效的事是极少的。因此，在方向目标确定后，创业者就要朝着既定的目标一步步走下去，纵有千难万险，迂回挫折，也不轻易改变初衷，半途而废。

6. 善于进行自我调节、适应性强的心理品质

“水因地而制流，兵因敌而制胜。故兵无常势，水无常形；能因敌变化而取胜者，谓之神。”面对市场的变化多端，竞争激烈，创业者能否因客观变化而“动”，灵活地适应变化，成为创业成功的关键所在。因而，创业者必须以极强的信息意识和对市场走向的敏锐洞察力，瞅准行情，抓住机遇，不失时机地、灵活地进行调整；在外部环境和创业条件变化时，能以变应变。善于进行自我调节的同时还应正确处理各种压力。能用积极态度看待来自工作和生活的压力，冷静分析、控制压力。找出原因、缓解压力，甚至消除压力。能够保持良好的心态，勇敢地面对压力，力争将不利变有利，将被动变主动，将压力变动力。

具有较强的适应性，还应做到“胜不骄，败不馁”。在创业之初，就应做好失败的准备。要善于总结和吸取失败的教训，承认暂

时的失败现实，作出适当的调整和“退却”，为将来的“进攻”积蓄力量。准备失败，认识失败，承认失败，利用失败，在困难和挫折中前进，才能步步为营，转败为胜。在创业中，面对取得的成绩和阶段性的成功，要善于总结，看到存在的问题，明确今后努力的方向，找出保持成功势头和继续不断发展壮大的成功经验，避免骄傲自满，方能做到“善胜者不败”。

有了激情做什么都可以，创业需要持续不断的激情

激情是信念的一种外在表现，如果内心没有信念的话，外在的言行不可能产生激情，所以激情源于对自己内心的一种认可。

一个人什么都可以没有，但唯独不能没有激情和信念。有位哲人说过，“激情是人生的灵魂”。那么，没有激情的人，也就没有灵魂。做什么事都要有激情，有了激情，什么都可以做到。

在人们的眼里，成功只需要一个聪明的脑袋，但事实上，对于大多数成功者来讲，聪明并不是第一位的，更重要的是激情与信念。对一般人来说，出类拔萃并非脑袋好使或者性格使然，除非你是一个超天才。

“如果你没有激情和信念，你不会比对手做得更好。”美国成功学大

师拿破仑·希尔认为激情是一种意识状态，能够鼓舞和激励一个人对手中的工作采取行动。如果不是对工作充满激情，他不可能连续工作一天两夜而丝毫不觉得疲倦。因此，激情并不是一个空洞的名词，也不能简单地解析为一时的冲动，它是一种巨大的力量。

专家们研究发现：激情的力量是惊人的，有时甚至可以创造“奇迹”，可以左右一个人的成败、得失、健康、甚至生与死；拥有了激情，你便拥有了一轮全新的太阳，激情就是成功和成就的源泉。你追求成功的激情愈强烈，成功的概率就愈大。如果，你拥有一个有激情的朋友，一个有激情的团队，那么恭喜你，因为那不但意味着你有美好的现在，而且还意味着有美好的将来。俞敏洪说，激情是源自内心的一种动力，是一把无形的利剑，是感染力，是将创业者的决策和价值观从一种纯粹的物质和精神的生硬状态赋予情绪和魂魄，使之柔化而让合伙人乐意触摸和感受的一种东西。他在一次演讲中提到信念与激情，他是这样说的：

我始终相信生活不会有绝境。不管有多少困难、挫折、失败，我都鼓励我的学生、我的员工和我自己，继续奋勇向前。我始终相信，中国诗人食指所说的一句话，叫作“相信未来，热爱生命”，告诉我们要永远相信自己的未来、相信自己的未来会比现在更好，相信自己的生命不管处于多么灰暗的状态，只要自己还活着，未来就能闪现出光辉。

信念和激情这两个词是连在一起的，激情是信念的一种外在表现，如果内心没有信念的话，外在的言行不可能产生激情，所以激情是源于对自己内心的一种认可，放到企业身上是对企业的价值体系和对社会所做贡献的一种认可。也就是说你只有内心认为你的企业做的事情对社会是有用的、是崇高的，或者说至少不是伤天害理的，你才能够对你自己、对你的员工和社会来展示你做这件事情的激情。如果我们发现一个企业家对自己的企业充满激情的时候，一般来说应该不是装的，毕竟装出来的肯定是假的，不能持久的。只有源自内心的，因为自己做的事情而激动的激情，才是与信念良好结合的激情。做事情不是说能够赚多少钱、能够带来多少名声，而是实实在在地觉得自己做的是好事。

每次我听爱国者总裁冯军演讲的时候，他那带有民族色彩的言论，我听了是非常感动的，因为他的每一句话都是希望自己强大起来、希望自己的祖国强大起来、希望他的“爱国者”能够变成世界品牌。所以源于激情讲出来的话，一定是让人感动的，如果对自己做的事情都没信心的话，是不可能有激情的。在座的企业家不管是为企业还是为自己做事，首先要问你自己做的事情是不是对的，你做的事情是不是对社会有好处，你做的事情会不会给未来带来灾难。

每个人做事情，都在寻找内心的支撑，寻找一种内心的信念。即使是贩毒的，他自己也是有信念的。但是一个信念是否真实，不是你自己说了算的，而是整个社会人士，比如在座的咱们三四百位先生、女士们一起说了算的。如果我们讲出了一种信念，在座的大部分人都认为是正确的，那这个信念可能就是真实的。

贩毒的人有他们自己的道理，他们说人间种种现象总是让人绝望，绝望的时候还找不到出路，所以如果把一些毒品给那些已经对生活充满绝望的人，至少可以给他们带来一瞬间的快感和希望。你说他们贩毒错了吗？从他本人的言论来说，你觉得好像有道理啊，每个人都有绝望的时候，我也有绝望的时候，我也有过想要吸毒的时候啊。但是毒品在给人一时逃避的同时，也把人类社会带向灾难和灭亡。

晚清时列强走私到我国的鸦片，对我们中国人民造成的伤害大家可以看得一清二楚。这种前提之下，鸦片和毒品对人们生活有没有用处，是由不得贩毒者说了算的，是由人民说了算的，是由我们整个社会说了算的。所以很多企业家觉得自己是为了信念做事情的时候，实际上坚持的信念可能是假的，是伪信念。很多人做事情，只看到了事情好的方面，但是没有想到背后可能出现的问题。比如说造纸厂，如果只看到造出的纸张对于人类的好处，而没有看到因为造纸带来的环境污染和森林破坏，那就必然害大于利。只有当我们把一件事情的前因后果全部想清楚以后，你才能够把信念坚持住，你才能够把企业做好，你才能够把人做好。

我曾经常常问自己，我做这么一个新东方对社会到底有没有好处，比如现在大家认为是好事，在 10 年、20 年、30 年、50 年、100 年之后到底还是不是好事？新东方现在每年送成千上万的学生出国留学，鼓励学生回国创业，几百万的学生因为新东方的培训英语水平得到了提高，新东方自己也成功在美国纽约证券交易所上市，融到了美国两三亿美元，回来进一步办教育。这一切在我看来都是好事，我觉得新东方促使了中国教育的进步，促进了中西方文化的交流。但是坦率地说，我内心也在询问，50 年以后还是好事吗？就是说 50 年以后，新东方现在对数以百万的高中生、大学生施加的影响力，你能保证是好事吗？你能保证来到新东方的学生他们的幸福指数都增加了吗？真的不敢保证。所以有的时候我对自己的信念也会产生怀疑，我做的到底是不是一件好事。但是至少社会对我的评价，学生父母的反馈、学生本人的反馈，让我有勇气把这件事情做下去，为什么呢？因为所有这些人群的反馈，百分之八九十的信息都是正面的，让我觉得我是在做一件好事。就是说信念有时候光靠自己内心支撑是不行的，也要从外界寻找这种支撑点，从别人的评价和眼神中寻找支撑点。

有的时候，对于一个企业来说，坚定信念是一件很艰难的事情，因为企业必须在获利的同时还要坚持社会价值。但对于个人来说会容易得多，因为个人的信念比较单纯，也就比较容易坚定一些。“当蜘蛛网查封了你的炉台，当灰烬的余烟叹息着贫困的悲哀，我依然固执地铺平失望的灰烬，在美丽的雪花上写下：相信未来”，就是遇到无论什么样的困难，都要相信你自己。同时我还有一个信念，我相信人类的本质是善的，所以只要你做好事，你就能打动人的善心，你就能得到善的回报。对于我本人来说，我必须抱着不怀疑人的心态，去欣赏我周围的好人、好事，必须力争把自己也变成一个好人，去做好事，这就是我自己的信仰。

所以个人坚持信念要比一个企业坚持信念来得简单。我发现有这样一个矛盾状态，有很多企业家或者说做事情的人，在自身信仰相对比较完整的情况下，他做的企业却是跟他的信念不合拍，很多情况下是因为做企业所带来的利益、名声、地位的诱惑超过了他的信念、压倒了他的信念，利益战胜了良知。当一个人为了名利再也不按照自己内心的信念和良知去做事情的时候，信念就变得一钱不值了。

有的时候我也常常问自己，我坚持的信念和我做的事情一致吗？还好，我觉得我还比较一致。新东方上市的时候，我一夜之间从身无分文变成了亿万富翁，我没有为这些钱激动过，新东方越来越大，我也没有为自己的名声激动过。不管是有钱还是有名，都不影响我对生命的看法。我认为我过去生命中的两件事对我带来了好处：第一，我从小出生在农村，1 到 18 岁受尽苦难，从此终生知道生活之不易；第二，我在大学得了肺结核，从此知道了生命的脆弱和生命的意义。所以现在得到这些名利的东西，我一直把它们当作临时现象，今天来也许明天就去了，从没太在乎过。在大学我有一帮非常好的朋友，我们在一起互相争论的时候从来不把对方当人看，这帮朋友现在还在我的身边，还在天天糟蹋我、侮辱我、讽刺我，这些朋友的好处使我深刻认识到自己，不管你本身怎么样，其实你就是在地球上行走的两足动物而已。把这些东西弄清楚了，回过头来用你拥有的财富和名声，根据你自己的信念做更好的事情，也许就能为财富名声找到一个好的归宿。财富和名声取之于社会，也用之于社会，你就永远不会犯太大的错误。

我想对在座的各位提一个建议，如果各位真的找不到内心的信念，为自己所做的企业和从事的事情也找不到信念的话，那你就去寻找信仰。我对信仰和信念有一个解释，信仰是什么呢？就是当你内心不够坚强的时候，就像你坐公共汽车的时候没有一个扶持，汽车摇晃你就会摔倒。社会就像一辆公共汽车，一直处于摇晃状态，为了使自己不摔倒，你必须抓住扶手，这就是信仰。不管你信仰佛教还是基督教，都是为了使自己能够立足于社会，坚定自己。信念是来自于一种内心的力量，当你内心有足够的信念时，你就不一定需要外在的信仰。我是没有信仰的，但我喜欢宗教，不管是佛教、基督教、伊斯兰教的书，我都读。我也相信所有宗教追求的都是一种至善状态。我认为一个人达到至善的状态并不只有通过宗教一种途径，我认为通过对自我完善的追求也能够达到至善的状态，这一状态需要你内心坚定的信念来实现。信念让你在摇晃的公共汽车里不会被摔倒，或者摔倒了能够爬起来。如果一个人有了信念，就像是两只手和两只脚都撑在地上一样，你就不太容易摔倒了。

从俞敏洪的演讲中我们可以看到，信念与激情是多么地重要。激情，就是我们在前进过程中长盛不衰的源动力。要长久保持这份激情，首先要做的是明确自己的目标，明确我们在创业中到底要寻找什么，在通往这个目标的过程中要去做什么。只有心中明白了这一点，才不会在“长征”中迷失方向。

相信我们每一个人心中，都有一个远大的理想，也许有的人会说，这个目标对目前的我们来说确实还很“远大”，显得有些可望而不可及。其实这没有关系，我们可以尝试学会“分解目标”。日本曾经有一位非常著名的马拉松运动员，名叫山本田一，他在分享自己获得成功的经验时提到了一个非常值得我们借鉴的方法：把几十公里的比赛线路分成很多小段，这样所需要面对的就不再是遥不可及的终点，而是几百米之外一个抬头就能看见的大桥或者办公楼。把目标分成阶段，并一点一点去实现它，让我们所面临的压力会轻松很多，从而增强实现目标的信心。

除此之外，我们还要将所从事的事业当作一种信仰。古人云：乐之者不如好之者。当我们发自内心地喜欢这份事业，甚至达到一种狂热状态的时候，去面对困难、克服困难的意愿就要强烈许多。当然我们也要对事业的难度有理性的认识，在踏上坎坷曲折的道路之前有一个心理准备，并不是一件坏事。

一个善于成功的人，必定善于激励自己。在行业中要获得成功，更需要练就较强的自我激励和自我调整能力。我们可以尝试经常回想自己的目标，为自己描绘一下未来事业的蓝图，并为自己营造一个上进、易于自我激励的氛围。

当然，我们还要经常为自己充充电。如果说工作是一种能量的释放，是“放电”的话，如果只放不充，那迟早会用完。保持良好的学习习惯，提升自己的专业能力，拓宽知识面，会为我们在前进道路上补充更多的能量。阅读一本励志书籍、旅游放松一下，都可以为我们更好地投入以后的工作带来帮助。

人们常说，一个人要做一件好事不难，难的是做一辈子好事。我们理解为：保持一段时间有激情不难，难的是每一天都保持有激情。的确，不少优秀的伙伴都是因希望而来，却因失望而离开。前进的道路是曲折的，能十年如一日坚持下来的人已经很不容易了，如果还能保持长期旺盛的创业激情，那是一件非常难得的事情。

也许大家都听说过这么一个故事：有一位刚刚走上工作岗位的护士，在工作不到一个星期时，就提出了辞职，因为她受不了在医院每天都看到有人去世，离开这个世界。这时候，一位比她年长的老护士带她走遍了医院的每一个角落，带她去看了每一位病人病痛痊愈出院时的欢乐，带她去看了每一位新生婴儿出生的喜悦，让这位年轻的护士看到了医院的另一面，充满希望的一面。也许每一天都有人遇到“伤痛”，也许每一天都有人离开，但是我们更应该保持心中的一份希望。

“天生我材必有用，千金散尽还复来”，李白这句脍炙人口的诗句，用来形容朱玉奇的创业之路再恰当不过。从大学一年级与同学参加创建福建第一批动漫网站，到毕业后选择创建动漫公司，经过将近 7 年的摸索与努力，朱玉奇创建的“JONJON 囧囧 & 囧妮”这对可爱的动漫形象，终于成为动漫界一个响当当的品牌。

“创业最需要的是一种持续的激情，让创业者坚持一种信念，不论顺境逆境，每天都要有这样的兴奋与热情。”在朱玉奇看来，激情永远是决定创业能否成功的首要条件。从学习美术设计开始，朱玉奇就对动漫行业充满了信心，将其作为终生职业规划。也正是由于对动漫这种持续的激情，刚一毕业，朱玉奇便踏上动漫公司创办之路，尽管出师未捷，但这并没有让初出校门的朱玉奇气馁，反而激起了他学习与奋斗的决心，“一定要自己掌握事业的方向”。

2007 年，朱玉奇迎来了他创业路上的契机——金豹动漫公司。在这个平台上，朱玉奇凭借着专业优势及对动漫的“痴情”，开始打造属于自己的动漫品牌，“JONJON 囧囧”应运而生。“2008 年，公司进行战略调整，构思出“JONJON 囧囧”这个形象，人物简单，故事简洁，技术含量低，所以初期并不被看好。”朱玉奇告诉记者，在推广之初，“JONJON 囧囧”的形象并没有很大的优势，但经过一段时间的推广，“JONJON 囧囧”被受众喜欢的程度远超出预期，朱玉奇这才坚定要将“JONJON 囧囧”打造成为属于自己的动漫品牌的决心。2009 年 8 月，“JONJON 囧囧”立项为金豹动漫的重点项目。

“定好品牌方向后，下一个重点就是团队建设。”朱玉奇对自己选择的项目充满信心。初期，“JONJON 囧囧”只是由丸子工作室做一些简单的推广活动，被定为重点推广项目后，如何挖掘人才、整合已有资源成为朱玉奇首要思考的问题。除了正常招聘，金豹动漫紧紧跟随行业技术发展潮流，在实践中不断创新校企合作新模式、新机制。公司与全国百家高校形成产、学、研，合作开展 101 计划，设立金豹奖学金。截至目前，金豹动漫已向福建输送近 1500 余名动漫策划、运营及设计人才。

团队组建、企业管理、资金积累、形象开发……“JONJON 囧囧”开始进驻广大动漫爱好者的视野，这个时候，如何加快动漫形象的营销与推广，成为项目组讨论的主题。一般而言，动漫企业在选定动漫形象后，便会着手制作相关动画片，从而争取在电视台等媒体播放，获得一定知名度，再从节目收费、衍生品开发和形象授权等方面获得利润。“对于一个年轻的企业来说，如果按照正常动漫营销方式进行推广，成本太高。”朱玉奇结合市场目标群体的定位以及金豹动漫的实际情况，否定了传统动漫形象的营销路线，决定自己创新。

“创新是创业中必不可缺的一个环节，否则，很快就会被市场淘汰。”朱玉奇在整合企业资源的过程中，认真分析市场环境，不断学习、思考、创新，借鉴国外先进的动漫品牌推广方法，大胆尝试自己开创的“动漫产业链”新型营销模式：先陆续制作“JONJON 囧囧”《囧学堂》、《囧语录》、《囧囧有爱》系列故事，开发使用“JONJON 囧囧”形象的各类商品，在已有市场基础上，进一步细化目标客户，开发珠宝首饰及时尚腕表等高端衍生品。“风险越大，机会越大。”朱玉奇觉得，创业者一定要有冒险精神、创新精神，才能在正确的方向上占得先机。

“功夫不负有心人”，朱玉奇的大胆改革与创新获得了天下动漫风云榜——“中国十大动漫新锐”荣誉。在2011年中国国际原创动漫游戏博览会上，“JONJON囧囧”获得最佳网络动漫形象大奖，并成为2011CCTV中国首届动漫春晚的上榜形象。而在2010年的首届中国·福州海峡版权（创意）产业精品博览交易会上，“JONJON囧囧＆囧妮”以595万元的成交额被拍出，成为福州首个以拍卖形式出售的动漫形象。如今，“JONJON囧囧”不仅成为福州东方百货商场的代言人，还有多达1000多集的四格漫画，并陆续登上各类杂志、视频和博客，有了自己的个性T恤、休闲包、手表、首饰、手机饰品等衍生品。在这个风险与机会并存的竞争市场，朱玉奇凭借大胆创新，研发出新型动漫营销策略，在国内动漫行业走在了前列。

创业心得

俞敏洪说，光有奋斗精神是不够的，还需要脚踏实地一步一步地去做。要先分析自己的现状，分析自己现在处于什么位置，到底具备什么样的能力，这也是一种科学精神。你给自己定了目标，你还要知道怎样去一步一步地实现这个目标。从某种意义上说，树立具体目标和脚踏实地地去做同等重要。成功没有尽头，生活没有尽头，生活中的艰难困苦对我们的考验没有尽头，在艰苦奋斗后我们所得到的收获和喜悦也没有尽头。当你完全懂得了“成功永远没有尽头”这句话的含义时，生活之美也就向你展开了她迷人的笑容。从创业成功人士身上，我们看到了激情的力量。那么，我们该如何激励自己呢？以下几点建议有助于你行动起来：

1. 算一算行动起来的好处和不行动的代价

如果我们不知道该如何行动起来，有时就需要由别人提醒我们行动起来的好处，有时又需要弄清楚不行动会有什么坏事发生。这就像我们需要节食减肥，又提不起兴趣，这时需要别人提醒自己，减肥成功之后，样子会更好看，会感觉更健康。我们也可以想一想，现在不开始减肥，会对我们的健康有什么害处。越是观望等待，消极的代价就越大。算清楚行动起来的好处和不行动的害处后，我们就能开始行动。

2. 要培养一种紧迫感

在确信自己应该行动起来之后，下一步就是实实在在地行动起来。要做到这一点，你心中要产生一种紧迫感。不要选择最后的时机开始行动，而应从相反的角度看这个问题，问问你自己：我最快什么时候能开始，人毕竟不会越活越年轻的。你甚至可以把你的目标公之于众，给自己一点鞭策。

3. 现在就制订进度

另一个行动起来的方法是订出进度，按进度规划要做的事。有时候，把这些写成白纸黑字是能鞭策自己行动的。另外，把一项大任务或大工程分解成容易完成的小任务，可使整个计划更加顺利地实现。

4. 不要坐等自己想动时才动

说到激励自己，人们常犯的错误是以为等到自己想动时才应该动，千万不要跌进这个陷阱里。只要你认准了这是一件该做的事，你就应该马上行动起来。你的感觉会跟着你的行动走。

5. 不要等到看清楚每个问题的解决办法之后才开始干

塞缪尔·约翰逊说："如果要先搬掉所有的障碍才行动，那就什么也做不成。"成大事者会立刻抓住大好时机，迅速作出重大决定，然后马上投入行动。如果你想成功，就要立即行动起来。

个人的积极性会使一切都动起来。积极性导致行动，也能积累起冲劲，而冲劲对于成功是无价之宝。例如，你是否想过，要防止一个静止的火车头滑动，所需力量是多少？你只需在每个驱动轮前面放一块一英寸厚的木头，这火车头就动不了。但同一个火车头如果以60英里时速行驶，就可以撞穿一堵5英尺厚的钢筋水泥墙了。有积极性和有冲劲的人也是这样，人一旦行动起来，就能克服难以想象的障碍。

创业不能盲目行动，准备工作要先行一步

很多创业者准备不够，匆匆忙忙进行创业，导致最后一败涂地。假如准备不足，条件尚不具备，晚一点创业也不迟。

创业者有热情，有理想，这是好事，但行动前，一定要充分了解自己，理性分析：你是否真正做好了充分的创业准备？是否有足够的决心和耐力？其实，创业者强大的内在动力，并不是任何人都具有的，创业是一个异常艰苦的过程，需要付出很多的努力和汗水，强大的信念更是创业者必不可少的精神支撑。因此在决定是否创业之前，我们必须要了解自己是否真的适合创业，切不可仅凭一时兴起盲目地加入到创业的潮流中。

俞敏洪认为，工作是创业的准备。他在一次演讲中说道：毕业以后，大家都要开始工作，工作是我们走向未来必不可少的部分。我刚开始留在北大，琢磨着反正也是一个职业，我就当老师吧。开始，我一个班 50 个同学，最后跑得就剩了 3 个。但是，我这个人是比较努力的，每次上完课，我就冲到别的优秀老师那去听他们讲课，拼命做笔记，记住他们每一句话怎么讲的，完了我自己再回去对比，换我讲是不是能讲得更好。过了一年，我发现我的学生都回来了；到第二年的时候，不光我的学生回来了，而且 50 人的教室里容纳了 100 个学生，那就意味着我上课比较成功了；到第三年，我就被北大评为优秀老师了。从此以后我发现，我本来在北大是打算临时当个老师，但是到了第二年以后，我就把老师当成我的终身梦想，当时就下了一个决心：这辈子我死了都不会离开学校的讲台。所以，到今天为止，我也依然是一名老师。

我们从有一个职业开始，也许慢慢就能做成一个事业。教了几年书以后，我想要出国，再后来从北大离开，当时其实我不想做事业，只是想赚更多的钱，以尽早出国。但是，做着做着，新东方学校做大了，最后我就只能把它当作一个事业干。这个路径同学们是可以模仿的。先找一份工作养活自己，紧接着给自己足够的时间，如果热爱这份工作（或者换一份你热爱的工作），把它当成你一辈子想做的工作来做。然后，用你在这个工作中学习的经验，慢慢地开创自己的事业，这是最正确的方法。

现在大家都在鼓励大学生创业，我也鼓励。统计数据表明，大学生没有工作经验创业 99.9%会失败。成功率太低了，为什么？因为创业需要几个基础：第一，你需要知道如何处理人和事的关系，这个你必须工作一段时间才有这个本领；第二，你需要熟悉一个行业的经验和运作的模式。比如说，未来你想办培训学校，你不到像新东方这样的机构来干两年，你不一定能干成。总而言之，创业不一定会成功，成功了也不一定会长久，而长期的失败也不一定会以失败为结局。生命总是会有机会的，抱着一种良好的工作心态，先从最基础的做起，锻炼自己的能力、心胸，最后你总能成长起来。

从俞敏洪的演讲中我们可以看出，创业不是盲目的，要慢慢打好基础，做好各项准备工作。现在很多年轻的朋友想创业、想快速赚钱，但是却很茫然，很无助，不知所措。创业、经商是一门很深的学问，这也是很多人想创业、经商却茫然无措的根本原因。它涉及一个人的求知能力、认知能力、判断能力、社交能力、管理能力、应变能力、心理承受能力，其实这几种能力是一种层递关系，你只有把前面的能力练到家了，后面的能力才能快速提高。下面是创业准备阶段需要注意的几点：

1. 坚持不懈地加强学习

创业不一定非要学商业专业、营销专业，平时应多看商业方面、管理方面、投资方面、社交方面的书籍杂志，比如说《商界》、《现代营销》、《创业指南》、《大众投资指南》、《演讲与口才》等；还可以在电视上多看财经新闻、营销辩论、经济管理讲座等；还可以在互联网上多看财经类博客，包括投资理财、经济管理等。要知道水滴可以石穿，万事的成功决非一蹴而就，要坚持不懈，日积月累。

2. 要努力提高自己的口才

俗话说的好，茶壶里煮饺子，肚里有货倒不出。创业、经商卖得就是产品或服务，如果口才不好，产品再好，别人也难以了解和接受，所以说努力提高自己的口才和语言表达能力是非常重要的。另外还应该练会流利的普通话。

3. 想要创业，必须要学会做人

自己要严格要求自己做一个正直的人、道德的人、诚信的人、谦和的人、有内涵的人、有尊严的人。要想成就一番事业，自己本身的素质是客户考核你的一大要素。

4. 充分地尊重自己的竞争对手

只有在有竞争对手的圈子里你才能不断做大做强，如果一个行业圈里只有你一个人，你不但不能独食而肥，而且还会止步不前，这就是生存威胁的道理。一个企业的发展壮大，是不断地提高自己，甩掉竞争对手从而晋级到前列甚至龙头老大位置的过程。

5. 要学会抉择

俗话说得好：女怕嫁错郎，男怕入错行。其实不管男女，只要自主创业、经商，都怕入错行。你看街上经常有店开张、也经常有店关张，其实店面、工厂转让95%是因为入错了行，抉择时因为认知高度不对、分析不透彻而失策。

关于创业、经商的抉择应该从多方面加以考虑：

（1）应当选时下比较热门的行业。

（2）应当选适合当地习俗，符合当地消费者需要的行业；符合当地经济发展需要的行业。这就要求朋友们必须在进入某行业之前进行大量的市场调查，赔点腿力和时间算得了什么，没有调查贸然入行导致最后赔进去大量的钱财那才是最痛苦的。

(3) 应当选国家政策鼓励的行业，因为国家政策鼓励的行业在税收、用地、资金等各方面都有优惠；而且国家政策鼓励发展的，恰恰说明该行业具有良好的市场空间。

(4) 应当选投资规模比较小的行业，情愿等到资本积累到一定的程度再考虑扩大经营。无论想做哪一行，再怎么看好也不能把所有的积蓄一下子完全投入进去，这就是风险防范意识的一点。因为一个项目再好，你来做赚不赚钱，还要由很多个人因素和外力因素决定，比如说你的为人、经营能力、社交能力、管理能力、亲和力、市场变化、政策变化等都直接决定着你来做这个项目赚不赚钱。

(5) 应当选资金回报率比较高的行业。资金回报率是任何一个创业者、经商者都不能忽视的一点，因为资本进入市场追逐的就是利润，追求的就是回报。这一点，广大的创业者必须谨慎，深入严格地分析，因为有很多的项目方为了一己私利，都会把资金回报率很低的项目理想化甚至浮夸几十倍几百倍。比如说网上有很多人吹嘘投资几万元，能做几十个亿的市场，一年能赚几个亿，可能吗？倘真如此，他不会自己做吗，他不会自己扩大规模吗，他自己的行为就向你证明了项目的不可行性；倘真如此，早就有大量的风险投资公司介入，还轮得到你吗；倘真如此，中国一年得冒出多少家世界五百强企业来呀，把你的口袋捂紧点吧。

(6) 应当选成长性比较好的项目。通俗地说就是比较有远景，很长时间内产品不会被消费者抛弃、市场不会饱和、国家政策不会变动、具有良好的做大做强的后续发展性的项目。

（7）应当选技术门槛比较高的行业。技术门槛太低的行业很容易被跟风，甚至当地本来没这个行业，因为你做得很火，而又没有多少技术门槛，结果很快就会冒出很多家来，到头来先做者倒成了抛砖引玉的引路人，人情都没捞着。如果是技术门槛相对较高的行业，情况就会完全不一样。

（8）应当选项目方有区域保护的行业。一般有区域保护的行业，当你做得很火暴时，即使别人想要介入也没有名额。这是一个创业者最起码的自我保护意识，千万不要马虎大意哟。

6. 争取他人支持

当你通过市场调查和冷静分析后，确实看好某个项目时，一定要努力争取亲戚朋友的鼎立支持，否则一意孤行的孤军作战一般是很危险的，甚至很有可能会弄得众叛亲离。

7. 在入行以前，一定要做好风险预估

要做好多种应对策略和方案，这就叫作风险预警机制。并且要做好失败的心理准备，毕竟有很多人仅仅因为一次失败就一蹶不振。

8. 选择项目一定要根据自己的资金实力来决定

有多大脚就穿多大鞋，千万不要好高骛远，不切实际。经过周密调查和深思熟虑确实看好且自己资金不够的项目，可以借助其他人的闲散资金入股。拉别人的资金入股，可千万别小气，一定要多给别人股份，最好能承诺万一亏本只亏你自己不亏别人，也就是说万一失败，别人投入的钱你要当债务来偿还他。要知道如果不是因为你，别人是不用承担这种风险的，别人把钱投到你这里来就是为了在无风险的情况下尽量多赚钱。如果你能做到这两点，别人会很乐意把资金投到你这里，与此同时最好给别人一个书面保证。

9. 选择合伙人一定要慎重

当你自己的资金或精力不够确实需要与他人合伙经营时，选择合伙人一定要慎重。要选那种有魄力、有度量、有能力、有诚信、有上进心的人；一旦选中人选就要在经营过程中做到民主、透明、同心，千万不能有私心，合伙经营只有推心置腹才能打造辉煌的事业，否则只会是分道扬镳或者陷入无休无止的纠纷。广东的顾地塑胶就是典型的反面教材。

10. 掌握时代趋势

要创业，首先要会解析这个时代的趋势。在众多的能力之中，审时度势是年轻人最要做好的基础性功课。全球化与地区化的融合、科技力量的提升、新兴市场的蓬勃发展，是当今世界前进的重要因素，我们创业就要紧紧跟上世界的潮流。特别是当今的科学包含了太多前沿技术，且又在不断地更新换代，诸如 4G、web2.0、GPS 等，都在与时俱进地发生着改变，这其中必然也会蕴藏着巨大的商机。

11. 学会寻找机会

机会的得来绝不是靠守株待兔，每个创业者都应该主动地去寻找机会。要了解客户的需求，知晓什么是他们的消费痛苦点、甜蜜点和盲点。只有了解了顾客承受的极限以及心理认识的盲区，才能给自己的产品比较准确地定价。同时要善于理解政府的新政策和行业的新标准，选择正确的创业方向。拥有敏锐社会嗅觉的经济人，往往能够取得好的回报。

12. 懂得机会评估

机会的存在并不意味着它就必然有执行的价值。机会的再次评估同样值得创业人深思熟虑。热情是创业的基础之一，能达到忘我、忘时、忘记回报的境界的人才算得上投入。同时，创新是企业生存的灵魂，一成不变的运作模式早晚会被市场所淘汰。如果一个产品的销售市场已经被垄断了，我们就应该避其锋芒，转而去开拓其应用领域，缩短产品的生产时间也是有效竞争的手段之一。企业的成长并不要求我们做到第一，但却要力争做到唯一。

13. 注意风险

创业是有风险的，同时也是十分艰辛的。80%甚至是90%的人，会在最困难的前两年遭遇失败。因此，选择好的团队，拥有良好的承担风险的能力，不断地从失败中吸取教训，这样才能为自己的创业开个好头。

创业心得

创业不是一时的冲动，我们必须要为这个旁人看起来略显遥远的想法做好充分的准备工作，创业者需要注重培养与创业有关的能力。

首先很重要的就是寻找目标的能力及坚定的信念。寻找目标的能力对创业来说非常重要，而且你全心全意热爱这个目标的心态也非常重要。创业者要创业，首先要从众多的创业目标以及方向中进行分析比较，选择最适合发挥自己特长与优势的创业项目。同时，创业并非易事，一旦开始，一定要有坚持的信念。

经营管理的能力。目前很多创业者的成功率比较低，虽然有激情，但是缺乏工作经历，在团队组建、经营管理等方面的经验不足都是创业初期常遇到的问题。所以创业者可以先通过就业体验员工的经历，培养职业素养、积累经验，在经营、管理、用人、理财等各方面积蓄能量和经验，为自己的创业做好准备，也可以积极参加创业培训，积累创业知识，接受专业指导，提高创业成功率。

专业知识的储备。如果缺乏创业方向的专业知识就盲目地去做，失败的可能性会很大。创业者要积累创业领域的专业知识，重视专业技术方面的经验积累和职业技能的训练，通过实践将专业知识转化为专业技术能力，这样才能有对专业的把控能力。

社交能力。创业者要能够妥当地处理与外界的关系，要善于团结一切可以团结的人和力量，在遵纪守法不失原则的基础上，求同存异共同协调地发展。

没有目标的创业者就像一艘没有舵的船，永远漂流不定

不要梦想着一夜之间就能功成名就，人生宏大的目标应当以累积诸多小目标为基础。成功不是一蹴而就的，要有耐心才行。

商场如战场，面对千变万化的市场，只有不断地实现自己的目标，才能立于不败之地。俞敏洪说：“在创业过程中，一名优秀的创业者除了具备必要的心理素质和专业知识以及成功的经验以外，创业者还需要逐步实现自己的小目标，只有这样才能实现最后的大目标。”确实，几乎所有正常的人都有创业的欲望，但99%的人从没制订过一个创业的科学、合理目标。制订创业的目标应该说是创业成败的第一步，想要把你的公司打造成成功企业，那就必须根据自身的能量和特点去制订目标。请记

住，你须谨慎选择你的前途，否则你可能半途而废，一事无成。俞敏洪强调：为一个卑微的目标而奋斗也是值得我们骄傲的，因为无数卑微的目标积累起来可能就是一个伟大的成就。

在确定创业目标时，先问问自己：我有能力实施这个目标吗？实现这个目标我有所需的资源和关系吗？这项战略能持久吗？我的发展目标是否合适？太小了，不利发展；太大了，力不胜任，难于完成。创业是一项极富挑战的系统工程，创业者需要在市场研究、商业计划、团队建设等许多方面做好充分的准备，要系统思考自身的资源及实施创业目标的措施、方法和步骤。只有实施措施得力、方法科学、步骤合理，创业才能有可能成功。

创业是“创立一番事业”。它既包括自己开公司当老板，又包括公司职员或高级打工者；既包括成功，也含有失败。对此必须有清醒的认识。有目标才会有压力，有压力就会产生动力，有动力才可能获得成功。

那么，在成千上万个社会行业中，究竟选择哪一个行业作为自己的创业目标呢？尽管不同的人有不同的人生观和价值观，但确立创业目标还是需要共同遵循一般性的原则。

创业目标要符合兴趣。有的创业者在选择创业目标的时候会根据自己的兴趣而定，这种选择是比较合理的，这无疑对自己是一种开发和展露，对工作也是一种促进。因为，兴趣是干好每一件事情的基本动力，根据自己的兴趣确立创业目标而成功的例子不胜枚举。当然，人的兴趣并不是固定不变的而且是可以培养的。由于诸多原因，有时创业目标的确定与自己的兴趣不完全相符，在这种情况下，就应当从与自己兴趣相近的职业中选择，并培养起自己的职业兴趣。否则，完全拘泥于自己的现有兴趣，反而会作茧自缚，不利于创业目标的确立。当然，创业者属于自己的人生路还很长，等以后自己的兴趣发生转移时，你完全可改行。

创业目标要性格匹配。从管理心理学的角度讲，不同性格类型的人适合于不同的职业，不同的职业对人有不同的性格要求。外向的人易于去搞社交性的工作，而内向的人则更适于搞文字性和安稳性的工作。因此，在选择创业目标时尽量不要悖逆自己的性格，否则，当创业越来越深入发展时，不仅会感觉到痛苦，也会让别人怀疑你的能力。比如说，性格外向，善于处理人际关系，胆大而富于激情并有自己的信念，能吃苦、有恒心，意志坚定、心理稳定、能承受压力，有主见、有责任心，喜欢决策和支配他人，喜欢干有一定挑战性的事情，这种人应当选择富有创造性的工作去磨炼自己。

创业目标要专业对口。成功的创业者告诉我们，专业是事业的原始积累，因此在选择创业目标时，创业者应采取与专业一致的选择，将“专业对口”作为创业的起点，追求学以致用和才能施展的最大化。这样，对所从事的行业了如指掌，就很容易成为行业内的专家并取得成功，否则就容易出问题。如某同学毕业后一时没有具体的创业项目，家人一致动员他去学木工手艺。迫于家庭压力，他干了两年木工，但始终提不起精神，原因是他所学的应用美术专业没有派上用场。后来经过反复思考，他毅然放弃了木工行当，选择了个体制作广告。由于他具有业务专长，又善于钻研，不到两年就顺利地打开了创业局面，承揽了干不完的广告制作业务，其创业成效令人刮目相看。

创业目标要发挥特长。虽然从总体而言，人和人之间没有多少根本性差别，但是就具体的个性特点、能力倾向等而言，人和人之间还是有很大不同的。每个人都各有所长，各有所短，在选择创业目标时，只有扬长避短，才能最大限度地发挥潜力，有所成就。如美国当代最有影响的企业明星之一李·亚利卡，原来是学工程的，获得工程硕士学位后，在福特汽车公司当了一名见习工程师，不久，他发现自己并不擅长工程技术工作，真正的特长是与人打交道。于是他放弃了原来的职位，在该公司接受了一个职位较低的推销员工作。由于他营销有方，功绩卓著，连连受到提拔晋级，终于登上了福特公司总裁的宝座，成为掌握世界汽车行业第二的公司的主宰者。后来，他又出任克莱斯汽车公司总裁。这就是一个很好的“发挥特长原则”选择创业目标的例子。

要想创业就必须对自己有一个深刻的认识，并且定期反省自身是否发生了变化。这句话说起来容易做起来最难。很多人到了两鬓斑白还没能正确认识自己，也有很多人到了临终的时候留下伤心的眼泪，心中怨悔“世界很精彩，但我却白活一世”，因此，不管你是创业者还是普通的打工族都应该给自己订个目标。目标可以是长期的，也可以是阶段性的，但应当切实可行，别太虚了，因为我们都是凡人，目标是自己做的而不是给外人看的。

“如何实现目标”？很多人都有着投机的心理，期望快速实现目标。其实实现目标就和吃饭一样简单，谁都不可能一口就把饭吃下，谁也不能一口就吃出个胖子来。如果你没有耐心去等待成功的到来，那么，你只好用一生的耐心去面对失败。

“我有能力实自己的目标吗”？这一个问题可能最为致命。事实上，正是由于很多人没有客观正确认识到自己的能力，无法科学地制订并实施目标，从而导致创业失败。所以实现目标必须从自有资源、个人能力以及目标的实际性这三个方面进行评估，从而作出最正确的选择。

对于创业的人来讲，选项目是很关键的。如果你没有经商的经验，又没有很多的资金供你走弯路、买经验，那选项目就成了你创业面临的第一个严峻问题。选项目，如果你没有一技之长，又没有经商经验，就要避开科技含量高的行业，最好是从传统的行业领域开始发展。并且要寻找社会适应面广、消费群体大的项目来做，这样风险就相对会小一些。比如：食品店，民以食为天，食品店适应面就很广，几乎人人都会光顾，虽然利润低但是相对稳定。

很多想创业的年轻人都困惑于一个问题：自己适不适合创业，在没有经商经验的情况下怎样才能从小做大？其实这一点很容易就能够得到答案：50元钱，任何人都能够拿得出来。那好！你就用这50元钱到当地的蔬菜批发市场，批50元的蔬菜回来，到你熟悉的居民小区去卖。一天下来如果你把菜卖掉，并且还挣到钱，那就证明你能够去做生意。如果你连这一点都做不到，就要好好思考，最好去上班做好本职工作，不要在生意场上摸爬滚打了。回过头来50元的资本卖菜，一般的利润应该在40%以上，这样最少你的资本就有70元，扣除10元的开销，剩余60元，再用这60元进菜，如此下来第二天74元，第三天93.6元，第四天，121元剩下的不用我说你自己也会算了，如此坚持一年你的资本有多少？

这样做虽然辛苦但是有几点好处：你进行了原始资本的积累，而且懂得了资本积累的过程；从小资本开始，可以把风险降到最低；你明白了经商的过程与意义，生意就是低价买进高价卖出，是最简单也是最难的学问；你学会了如何与人交往，并且学会如何做一个诚信的商人。

当然，上面只是一个简单的例子，如果你既能吃苦耐劳，又能放下面子，你就会发现创业的路其实很宽，许多人都是白手起家，但他们有恒心、有毅力，更有成功的自信和目标。如果你还在抱怨条件不成熟，那你的创业条件永远都不会成熟，创业，有时候就是硬着头皮去闯的。

对于创业者而言，不能简单地以他所创办的企业的成败来论个人的得失。因为在企业创建之初，每个创业者都面临大量的问题，要作出大量的决策选择，只要创业者能分析其所处的形势，在面对的机会和问题中分清轻重缓急，作出关于未来的理性抉择，那么企业无论大小，对他个人来说都是成功的。要做到这一点，创业者需要反复向自己询问以下三个问题：创业的目标是什么？怎样实现这个目标？是否有能力保证按所选择的战略实现目标？

1. 要实现什么样的目标

创业者的个人目标与企业目标是密不可分的。创业者创建企业的目的是实现个人目标，所以创业者为企业确定目标之前，必须明确自己的个人目标，而且必须定期问自己这些目标是否得以实现。许多创业者声称他们创建企业是为了实现独立和掌握自己的命运，但这样的目标太模糊了。如果他们认真考虑此事，多数创业者都能确定更具体的目标，例如，获得施展艺术才华的机会，获得试验新技术的机会，过上丰富多彩的生活，或者渴望创建一家体现个人深层价值观的机构等。在经济上，一些创业者想一夜致富；一些创业者希望得到一个令人满意的现金流量；还有一些创业者则盘算着先建立企业后出售企业，从中获取资本收益。

2. 企业有多强大

企业实施战略的能力取决于其“硬”基础结构（组织结构和体系）和“软”基础结构（文化和规范）。如果业绩不佳，过多的规章制度和管理控制会使员工窒息；而如果企业业绩增长很快，并成功获得市场份额，管理机制和控制手段的不足可能更会受到关注。不断发展的企业文化，也会对企业战略实施成败产生深刻影响，企业文化填补了公司规章制度所没有涉及的空缺，决定了雇员个人和组织单位竞争与合作的程度，以及他们对待客户的态度。如果创业者没有停下来考虑文化问题，其公司文化肯定是随意形成而非设计出来的，而这种随意形成的文化可能并不符合企业创建者的目标和战略。

3. 能扮演好自己的角色吗

希望经营小企业，并且想亲自完成所有重要任务的创业者，不需要改变其角色。然而，如果创业者想将创办的企业变成可以独立生存的实体，那么，随着企业经营的扩张，创业者的角色必须改变。他应当从亲自做业务工作发展到教给别人如何做，不断尝试新的工作和责任。

总之，持久的成功要求创业者不断向自己提问题：自己的目标是什么，自己所选择的道路是否能保证实现该目标。

创业心得

一个人最重要的是不要失去自己的方向，创业者尤其如此。如果你认为什么是对的，千万不要受外界因素、舆论因素影响，轻易地做另外一个决定而放弃理性的选择。在追求商业真理的过程中，你要自己去做决策，你永远是孤独的。这个孤独并不是说你不需要自己的团队，你的团队也是孤独的，你总是要带着自己的“船”往前走。因此要相信而看得见，而不是看见才去相信。对于创业者来说选择方向对了就要坚持，矢志不渝地去实践，虽然努力不一定成功，但若放弃一定是失败。

一个人在职场与创业的征途中要相信三点：一是要干你自己喜欢并且非常感兴趣的事情（选对路）；二是要干你具有核心竞争力的事情（能力与资源）；三是要干你能干一辈子的事情（可持续的商业创新与发展）。人生太短暂，等我们想明白就已经过去几十年了，剩下的时光还要与疾病和自然抗争。所以你心里一定要有自己的价值观，一定要有信念和毅力，做企业干事业需要宗教般的虔诚与痴迷。

只有全力以赴，梦想才能起飞

我们每个人都想成为一个卓越不凡的成功人士，让别人仰慕自己，但现实却是大多数人都是平庸之辈。为什么呢？因为我们没有做到：专心致志地做好一件事。

一天猎人带着猎狗去打猎。猎人一枪击中一只兔子的后腿，受伤的兔子开始拼命地奔跑，猎狗在猎人的指示下飞奔着去追赶兔子。可是追着追着，兔子不见了，猎狗只好悻悻地回到猎人身边。猎人开始骂猎狗了：“你真没用，连一只受伤的兔子都追不到！”猎狗听了很不服气地回道：“我尽力而为了呀！”

再说兔子带伤跑回洞里，它的兄弟们都围过来惊讶地问：“那只猎狗很凶呀！你又带了伤，怎么跑得过它的？”“它是尽力而为，我是全力以赴呀！它没追上我，最多挨一顿骂，而我若不全力地跑我就没命了呀！”

“全力以赴”与“尽力而为”这两个词，从字面理解有些相似，其实差之毫厘，谬以千里，它们分别代表两种截然不同的生存态度，也造就两种不同的效果或人生。尽力而为，有太多被动的成分，只有完全出于主观，才会全力以赴，才能有所超越。尽力而为只能让我们做完事，而全力以赴却能让我们做成事。用尽力而为的态度做事，碰到问题会退缩，会抱怨，会找理由推卸责任；用全力以赴的态度做事，碰到问题会主动寻找解决方法，主动寻找所需资源，把困难很好地解决掉，把事情圆满地完成。

人们常常认为，一个人有能力就可以解决很多事情。然而，只有能力还不够，必须能力、态度、热情三者合一，才能成功。不少人的失败，不是没有能力，也不是没有机会，而是失去了热情。一个人一旦失去热情，惰性就会乘虚而入，就会变得死气沉沉，甚至会传染给身边人，影响一个团队。能力一般的人，只要态度端正，斗志昂扬，总会比一些能力强但态度不好、热情不够的人容易成功。

要全力以赴做好事情，光凭能力是不够的，还要有态度和热情，特别是要有热情，热情就像火，能点燃人身上的潜能，激发所有智慧和优点。一个人在“我要做”时，就会动脑筋、想办法，视困难如草芥，就会全力以赴；而在“要我做”时，最多是尽力而为了。人本来是有很多潜能的，但是我们往往会对自己或对别人找借口，“管它呢，我已尽力而为了。”事实上，尽力而为是远远不够的，尤其是在如今这个竞争激烈的年代。我们要天天这样问问自己：我今天是尽力而为的猎狗，还是全力以赴的兔子呢?

只有全力以赴做事情的人，才知道事情都是为自己做的，而只是尽力而为做事情的人，即便做得再好，在他心目中也不过是在为别人做事情而已。

谁能想到，今天的俞敏洪就是那个当年连考3年方才挤进大学的农村孩子，那个在学校里沉默寡言而被别人冷落的后进生；谁能想到，还是在几年前一个冬夜，俞敏洪抛下北京大学的铁饭碗，拎着浆糊桶在海淀的大街小巷到处张贴他的托福培训广告，如今这位老师却成为百万富翁。

几年前，北大方正创造出100个百万富翁的神话至今还能引起人们不小的惊诧。现在，在这间狭小的新东方校长办公室里，俞敏洪轻松地告诉记者：“我们也能，新东方的优秀教师在几年内成为百万富翁是没有问题的。即便现在，一名教师年收入十几万、二十几万也是很正常的。”仅仅因为教书而能成为百万富翁，这在中国甚至是教育高度发达的美国，无疑都是天方夜谭，而这样的奇迹的确发生在中国新东方，创造奇迹的就是这位传奇的教师——俞敏洪。

在新东方熙熙攘攘的办公楼里，如果没有人介绍，你无论如何不会认定眼前的这个人就是校长俞敏洪，他的衣着随意而漫不经心，仪表过于大众化，讲话慢条斯理。但就是这个人，很可能是全中国在世界上享有知名度最高的教师之一。据说在俞敏洪访问耶鲁大学期间，一行人到纽约观光，在纽约的中国城，走进一家中餐馆正要吃饭，餐厅里仅有的

3个中国学生模样的顾客同时站了起来，看着俞敏洪说："你是俞老师吗？我们是新东方学员！"虽然没有精确的统计数字，但在北美任何一所著名大学里，新东方学员至少占中国留学生的一半以上，这已是公认的事实，而这些学员都曾在新东方听过他的课。在国内，每到寒暑假，还会有来自全国各地的大学生济济一堂听他的讲座或授课。

然而就是这么一位其貌不扬的人，一手开创了今天辉煌的新东方。

他现在经常诙谐地回忆当初创业的历史：那时候大学毕业后留在学校任教，几年后，很多同学都出国了。身无分文的情况下还想着出国，实在没有太大的希望，我的老婆有时会在我身边说，"某某又走了，某某又走了，你真窝囊，到现在还没有出去。"像这样的话，尽管不算骂你，但是作为一个男人，当你听到这样的话，发现自己无能的时候，你的心肯定在流血，所以你不得不去奋斗。也就是因为这样的推动力，导致了新东方的创立，因为我发现自己出不了国，总要做点事情，唯一能干的事情，就是教书，一个晚上教两个半小时能拿50元钱，最起码能把老婆和孩子养活了。人最希望受到的尊敬是来自家庭内部的尊敬，如果连老婆都不尊敬你的话，还活着干什么。

1992年，因为4000美元学费而出国受阻的俞敏洪开始在社会上的培训学校里打工，很快就发现这些民办学校的举办者或者是惟利是图、目光短浅，或是素质太差，但这些并没有妨碍他们赚钱，于是就萌发了自己另起炉灶的念头。后来，他又替别人管理过培训班，其间，学员数量猛增，这更增强了他自己单干的信心。但是，当时目的很单纯，就是为了更快更多地赚钱，圆自己的留学梦。如今，新东方已经成为无数人梦想的发源地和实现梦想的起点，成千上万人通过在新东方艰苦的学习，圆了自己的留学梦。

与新东方的英语培训一同冲向全国各地的，还有新东方精神。一位同行在参加完新东方的梦想之旅后总结道，新东方最重要的就是告诉了我们，尽管生活沧海桑田，依然不要停止追求自己的梦和理想！

从新东方的俞敏洪，万科王石的专注创业，到阿里巴巴马云的互联网创业，以及史玉柱从一个死亡走向另一个死亡最终功成名就的创业，皇明集团黄鸣的夸父追日般执著于太阳能事业，这些成功的创业者的背后，更多的是鲜为人知的风险、危机与艰难奋斗。

“就像一个伟大的人站在山顶上，阳光照着他，他看着我们，我们所有人都以为他是从阳面爬上去的，但实际上他是从阴坡爬上来的，也就是说一个伟大的人并不因为他从阴坡上去就见不得阳光。任何事情似乎都不妨碍伟大，伟大只是一个结果，能看见那朵花就够了，至于这朵花从哪儿来，怎么开放的，又有谁会关心呢。”

伟大如同一颗金种子在泥土的黑暗中汲取营养发芽，当你成为一棵大树的时候，人们只知道你阳光下的伟岸，并不知道黑暗般泥土中的煎熬；一般的种子以为泥土中只有黑暗，并不知道有营养，在黑暗中胎死腹中，而金色的种子一定会破土而出，这也许是成就伟大之前的煎熬！创业者的修炼绝非常人所能简单的体验与尝试，创业更多的是风险、危机，甚至牺牲。一般来说，想要创业成功，有三种路径：

1. 自己努力

这个过程非常艰辛，有很多人都在其中伴随着无数的痛苦与伤感，矛盾过、放弃过、哭泣过，但很多早期创业的企业家在这条路上为我们探索出了黑暗中的光明、踏出了走向成功的羊肠小路。李嘉诚、张瑞敏、柳传志、鲁冠球、王永庆等，都为我们留下了痛苦而艰辛的背影，他们的智慧也经历了从无到有、从有到无的升华。研究他们成长的路径对于每一个创业者而言，都是一生的财富。

2. 与成功的人合作

这是个资源优化的过程。成功的人，他们都有属于自己独特的基因，与他们合作，你会心平气和，也会深感无知与渺小；与他们握手，你等于踩到了他们的肩膀上，成功只有一步之遥；与他们合作，你不仅需要智慧，更需要耐心。这是创业者借力、集成资源继而助力自己成功的关键。要想成为伟大的人，就要选择伟大的时机，伟大的伙伴，但是具体事情要非常“庸俗”（务实）地按规矩操作。正如冯仑所言，“所谓创造历史，就是在伟大的时刻、伟大的地点和一群伟大的人做一件非常‘庸俗’的事。”

3.让成功的人支持你

这与上一条的区别在于，是你被他们欣赏而且信任。成功的人主动帮助你，他们是你生命中的贵人。一个人在不同的成长阶段会遇到不同的贵人，他们是你生命的支柱，是你事业的航标灯，是你永不言败的发动机。懂得理解并借力于成功的人，需要创业者有很高的悟性与执行能力。创业者不能总埋怨失败，埋怨社会的不公，要学会思考自己成长的路径，是低头拉车，还是站到伟人的肩膀上，还是你的创新思维与商道人格得到他们的信任——想明白了，你就会发现商业真相。

创业心得

实现创业梦想的唯一途径是付诸实践，将梦想变成现实。创业过程中的第一步可能就会让人望而却步，人对失败会自然而然地产生恐惧。因此，创业者应全神贯注于第一步，一旦走错第一步，第二步也会跟着走错。从大局出发规划工作细节，梦想就不会遥不可及。如果在创业过程中受阻，创业者也能更容易地找到其他项目，恐惧就会消减。

许多人认为能够一举完成创业，同时还保留其工作职位，但是既想吃好的，又想不劳而获，哪儿有这样的好事？如果不能全力以赴，让直觉引导选择，那么还不如干脆不要创业。俞敏洪坦言，对于创业者来说，专心做事是一种能力，更是一种素质，体现着一个人为人处世的态度和风格。一件事，如果是你自己愿意做的，就要专心尽力去做；一件事，如果是你必须做的，你就更应该专心去做，并努力做好；一种爱好，只要是有益身心的，就要专心去学去练，持之以恒，就会有所收获。

创业不需要夸张的语言，只需要脚踏实地的行动

能否实现自己的梦想，外在因素只是小部分原因，主观因素才是主要原因。

在《圣经》中，耶稣讲了一个故事。

有一天，一个有两个儿子的父亲对大儿子说："儿啊，你今天到我的葡萄园去工作。"

"我不去，我不想工作。"老大回答。

老大拒绝听父亲的话，就走开了。过了一会儿，他坐下想想，又懊悔了自己的行为。他想："我错了，我不该违背父亲。虽然说我不想去，可是应该到葡萄园工作的。"

于是，他立刻起身到葡萄园去使劲地工作，藉以弥补他的过失。

这时，父亲又去找小儿子，对他说同样的话："儿啊！你今天到我的葡萄园去工作。"

小儿子一口答应："我去，父亲。我这就去。"

可是过了一会儿，小儿子想："我是说过我去，可是我并不想去！你以为我会去葡萄园工作吗？才不呢。"

过了几个钟头，父亲到葡萄园去看看。不料，竟发现老大在园里拼命地工作，却不见小儿子的踪影。原来是小儿子不守信用，违背了诺言。

讲完了这个故事，耶稣转身问周围的人："这两个儿子，哪一个照父亲的意思做了呢？"

周围的人马上回答说："当然是到葡萄园工作的老大。"

这个故事告诉我们：行胜于言，只有采取积极有效的行动，才能实现人生的目标。

《圣经》上有这样一段话："凡听了我这些话而实行的，就好像一个聪明人，把自己的房屋建在盘石上，即使雨淋、水冲、风吹，袭击那座房屋，它并不坍塌，因为基础是建在盘石上；凡听了我这些话而不实行的，就好像一个愚昧人，把自己的房屋建在沙土上，雨淋、水冲、风吹，袭击那座房屋，它就坍塌了，且坍塌得很惨。"

有信心却不行动，是不能成就什么的，正如《圣经》上所说："只有信心而不付诸行动，无异于无信心。"这是千古不变的真理。所以如果你对自己有信心，相信自己一定可以成为自己想要做的人，那么就付诸行动吧。创业不要夸张的语言，只需要脚踏实地的行动。

在创业路上，要想不留什么遗憾，就必须抓紧时间行动，让自己的想法和创意转化为商业价值，否则，一切皆是空想。如果你有一个梦想，或者决定做一件事，那么，就立刻行动起来吧。如果你只想不做，是不会有所收获的。要知道，一万次心动不如一次行动。美国著名成功学大师马克·杰弗逊说："一次行动足以显示一个人的弱点和优点是什么，能够及时提醒此人找到人生的突破口。"同样，俞敏洪也有类似的看法，俞敏洪认为，为了不让生活留下遗憾和后悔，我们应该尽可能抓住一切改变生活的机会。

新东方在美国上市，造就了俞敏洪这个新的亿万富翁。有人说他是中国最成功的老师，有人说他是一个纯粹的商人，把这两个角色结合在一起，俞敏洪这条路走得并不轻松。

2006年9月8日，新东方教育科技集团在美国纽交所上市，首日收盘于20.88美元。新东方董事长、持有公司31.18%股权（4400万股）的俞敏洪的资产一跃超过10亿人民币，成为中国最富有的老师。

作为国内最大的英语培训机构，新东方声名赫赫。十几年来，它帮助数以万计的年轻人实现了出国梦，莘莘学子借此改变了自己的命运。有人评价说，"在中国，任何一个企业都不可能像新东方这样，站在几十万青年命运的转折点上，站在东西方交流的转折点上，对中国社会进步发挥如此直接而重大的作用。"

这样的赞誉现在看来也许并不为过，但对于创办新东方的俞敏洪来说，当初却根本没有这样的"雄才大略"。俞敏洪的授课风格被学生们总结为"激励型"，他常常用到的一个例子就是自己的经历。

1978年，俞敏洪高考失利后回到家里喂猪种地。由于基础知识薄弱等原因，俞敏洪第一次高考失败得很惨，英语才得了33分；第二年又考了一次，英语得了55分，依然是名落孙山。那时俞敏洪并没有远大的志向，作为一个农民的孩子，离开农村到城市生活就是他的梦想，而高考在当时是离开农村的唯一出路。尽管生活条件比较艰苦，俞敏洪仍在微弱的煤油灯下坚持学习。

1979年，县里办了一个外语补习班，俞敏洪挤了进去，这是他第一次补习外语。住在30人一间的大房子里，俞敏洪的感觉就像进了天堂，可以一整天都用来学习了，可以在电灯下读书了。到了第二年春节，俞敏洪在班里的成绩已经进入前几名。事实上，俞敏洪能取得今天惊人的业绩，离不开尽可能抓住一切改变生活的机会做法，如果俞敏洪破罐子破摔，那么俞敏洪现在可能还在家里种地。

确实，在创业的道路上，第一个要素就是说干就干，绝不拖拖拉拉。事实上，大多数创业者都拥有健康的身体、不错的商业计划书、具有前瞻性的商业技术，之所以没有成功，究其原因就是他们缺乏敢想敢做的行动力。

行动产生结果，要有更好的结果我们就需要有更好的行动。事实上，创业者行动了，未必就能成功，但如果不行动，那么根本就不可能成功。大凡真正有理想的创业者，他们总是不喜欢空谈什么理想，他们的理念总是这样的：行动，行动，再行动。

行动永远高于一切，头脑里只要一冒出什么好的想法，成功的创业者不会仅仅把它记在纸上，说这个主意好，以后有机会再去实施，或者说这个东西我还不确定，要找几个人来商议商议，事情往往是这样的，很多美好的设想或商业构思都是在找人商议和参考中给可怜地击毙了的。真正成功的创业者不会把时间浪费在没完没了的讨论和纸上谈兵上面，他们的理念永远只有一个，那就是：行动。

俞敏洪谈到，想创业的人至少存在两种类型：一是天天沉浸于幻想中，看不到一点行动的痕迹；二是善于把想法落实到计划中，成为一个敢于行动的创业者。这个看似人人皆知的问题，在许多创业者身上并没有引起足够的重视，因为他们常常把失败的原因归咎于外部因素，而不是从自身找到失败的病根子。其中很重要的一条是：这些创业者常常是一名幻想大师，面对那些看不见、摸不着的东西时时心动不已，总以为光凭自己的意愿就能实现人生理想，就能过自己想过的日子，就能成为一个被人羡慕的人，但却往往不付诸于行动。

抛开这些特定的人不讲，实际上在我们身边，那些天天抱头空想自己未来的人，之所以没有人生的进展，就在于他们都是只说不行动的空想大师。有人说，心想事成。这句话本身没有错，但是很多创业者只把想法停留在空想的世界中，而不落实到具体的行动中，因此常常是竹篮子打水一场空。当然，也有一些创业者是想得多干得少，这种创业者只比那些纯粹的空想大师要强一些、好一些，但并不能根本解决问题。因为行动是一个敢于改变自我、拯救自我的标志，是一个创业者能力有多大的证明。

在《福布斯》最新公布的“日本富豪榜”上，身为日本休闲服饰连锁店优衣库的迅销公司董事长兼社长柳井正再次荣登榜首。在谈起自己的成功体会时，他是这样解读的，“我认为自己是个冒险家，所有的商业行为其实都是冒险，只有承受越大的风险，才有可能获得越多的利益。”为此，在2003年他写了一本名为《一胜九败》的书。在他看来，“创业不需要有什么特别的资质。我认为几乎所有人都能创业，重要的是自己做做看。不论失败几次都不气馁地持续挑战，在这样的过程中，方能培养出一位成功者。”

著名软件公司甲骨文的总裁埃里森在耶鲁大学演讲时说：“我，埃里森，这个行星上第二富有的人，是个退学生；比尔·盖茨，这个行星上最富有的人呢，是个退学生；艾伦，这个行星上第三富有的人，也退了学；戴尔，这个行星上第九富有的人，也是个退学生……第十一位，就像史蒂夫·鲍尔默，他是研究生时缀的学。”怎么搞的，有没有弄错，难道这些巨富大腕学业都不咋的，那他们又是凭什么成功呢？

2005年，苹果董事长乔布斯在斯坦福大学毕业典礼上曾这样回顾自身的创业经历：17岁时，我上大学了，但是我无知地选了一所学费几乎和斯坦福一样贵的大学。6个月后，我看不出念这个书有多大价值，也不知道念这个大学能对我有什么帮助。而且我为了念这个书，会花光父母这辈子的所有积蓄。所以我决定休学，相信船到桥头自然直。当时这个决定看来相当荒唐，可是现在看来，那是我这辈子做过的最好的决定。

但是在创立苹果计算机时，许多困难接踵而至，乔布斯遭遇了许多意想不到的灰心事，为此他感慨地说，有时候，人生会遇到许多困难，比如，别人用砖头打你的头，但你不要丧失信心。我确信，只要做自己爱做的事情，未来就会是美好的。这些年来就是它让我继续走下去，关键在于你能不能找出你爱的事业。

回顾几十年来的创业经历，乔布斯认为，只有把全部身心投入到工作当中，才会感受到充实和愉快，唯一获得真正满足的方法，就是做你相信是伟大的工作，而唯一做伟大工作的方法，是爱你所做的工作。如果你还没找到这些事，继续找，别停顿。尽你最大努力，相信自己一定会找到。

同样，微软董事长比尔·盖茨在2007年哈佛大学毕业典礼上这样讲道，他当初创业，就是坚定地认准目标，并矢志不渝、锲而不舍。他一针见血地指出，“不要让这个世界的复杂性阻碍你前进，要勇敢地成为一个行动主义者。”

在演讲中，比尔·盖茨告诫人们，想在这个复杂的世界中解决问题，有4个步骤：

1. 确定目标；

2. 找到最高效的方法；

3. 发现适用于这个方法的新技术；

4. 最聪明地利用现有的技术，不管它是复杂的药物，还是最简单的蚊帐。

最后，他说，最为关键的是永远不要停止思考和行动。我们千万不能再犯上个世纪对待疟疾和肺结核上犯过的错误，那时我们因为看到问题太复杂，就放弃了采取行动。

有个老农卖西瓜和教授卖西瓜的故事，老农卖西瓜和教授卖西瓜哪个卖得好？答案出乎人们意料——老农卖得好。因为老农不管三七二十一，先干上再说，慢慢摸索出经验来，越卖越好，最后搞起了水果批发，发了财。而教授卖西瓜先计算成本，觉得西瓜一个才赚几分钱，而又要担心坏掉、损耗、躲避城管、考虑下雨天气等因素，后来得出结论——不能卖西瓜！这个故事说明，有时候实际行动往往比周密的计划更重要，经验往往可以在过程中完善。创业女士李东芳就是误打误撞选择了自己根本不熟悉的行业，但通过实践，不但干成了一番事业，还成为锦州轮滑的领军人物。

李东芳原本是个很传统的女人，师专毕业以后就到当时的金鼎商厦当了一名会计，一个月赚500块钱，工作量很小，空闲的时候甚至可以打毛衣。李东芳对自己的生活非常满足，创业的念头在她的头脑里根本就没产生过，上班不久她又结婚生子，她觉得这样的生活多好呀！一点压力都没有。由于在商场，很多朋友都让她帮忙租铺子，她乐此不疲地倒是帮了不少人，却从来没想过利用“近水楼台”自己做点什么。看到这些借她光的朋友们都发了财，她反而觉得人家那么辛苦不是自己想要的生活。可是有一天，她的前途命运发生了变化，所依赖的单位要求职工买断工龄，她仅得了6000块钱补助金就回家了。

前途是什么，下一步应该做点什么，脱离了一个大集体，她发现自己没着没落，一种深深的失落感和对未来的恐惧感笼罩在她心头。没有稳定收入马上就面临生存问题，她凭借自己的专长，到一家私人保健品公司应聘做了销售，虽然来自国企，可她从没接触过真正的市场，看到别人对客户侃侃而谈，讲营销技巧，大家又一起制订营销策略、营销方案、做营销培训，这一切让她眼界大开！觉得在这里学到的东西比以前在国企几年学到的都多。关键是自己的整个理念和思维模式全都改变了。

通过锻炼，她从一个安于现状的传统女人，逐步转变成一个对市场敏锐、整天跟销售指标打交道的职业经理人，后来慢慢又逐步变成了个有野心、有勇气自己创业的创业者。思想上的根本转变为她后期的创业奠定了基础。

2003年，儿子在中央电视台的节目中看到轮滑非常好玩，就一直想学轮滑，为此，李东芳还特意到沈阳让孩子学习轮滑。当年“六一”儿童节，李东芳打算送给孩子的生日礼物就是一双轮滑鞋。可她来到辽西小商品批发市场发现，这里的轮滑鞋虽然只要100多元，但质量不好，把孩子脚都磨破了。李东芳在锦州买不到质量好的轮滑鞋，这一下点醒了她：买不到轮滑鞋说明市场上缺少这种产品，为什么不能做这个产品，从而打开锦州轮滑市场呢？虽然李东芳对于轮滑市场一点也不了解，但她打算像那个卖西瓜的老农一样，先尝试了再说。

李东芳的确是个傻大胆，也不管自己会不会干就联系了一家专门生产轮滑鞋的公司，发来了鞋，签订了代销合同。她从体育局聘请了两个轮滑教练，在宝石广场租了个房子就干了起来。李东芳给自己的俱乐部起了个响亮的名字——“风火轮轮滑俱乐部”！李东芳的创业行动把两个教练吓了一跳：“这个女人可真生猛啊！我们懂轮滑的都没敢干，你啥也不懂就敢往里投钱！”

2003年4月是李东芳头一次创业，也是人生的第二个转折时期，让她终身难忘。几百份传单发出去以后，居然才来4个学生玩轮滑，这对她的信心真是个打击！但是她必须咬牙坚持。

没想到2003年“非典”给她创造了好机会。当时学校提倡户外运动，结果突然一下子参加轮滑的人就多了起来，到了七八月份的时候，已经有 100 多个学生参加了李东芳的“风火轮”轮滑俱乐部，李东芳前 3 个月就赚了 1 万多，相当于每个月给自己开了 4000 多元，是过去上班的 8 倍！初尝创业滋味的李东芳太兴奋了，这不仅仅是赚钱给她带来的喜悦，更重要的是初次的胜利给她增强了创业信心。

对于轮滑来说，鞋质量的好坏直接影响孩子的健康和效果，李东芳打算考虑代理质量好的名牌轮滑鞋。

2004 年 10 月，全国速度轮滑锦标赛在秦皇岛举行。李东芳的轮滑俱乐部也受邀请参加了比赛。机会就这么来了！比赛后，这次活动的独家赞助商“米高公司”中国北方的大区经理姜峰连夜找到了李东芳，洽谈合作。原来姜经理一直想打开锦州市场，经常到锦州来偷偷考察，他看到宝石广场上风火轮俱乐部办得热火朝天，对“风火轮”留下了深刻印象，加上这次“风火轮俱乐部”参赛阵容强大，实力雄厚，所以打算寻求合作，希望李东芳独家代理“米高”品牌。

这真是踏破铁鞋无觅处，得来全不费功夫。李东芳喜出望外，首批就进了 3 万元货。

“米高”高质量的轮滑鞋不仅使孩子穿着舒适，而且适合孩子们玩出各种花样来。参加风火轮俱乐部的人越来越多，人们经常可以在宝石广场看到这样的情形：几个动感十足的孩子伴随着动感的音乐，在广场上飞一样地玩轮滑，时不时地玩出几个花样，引来一片掌声，“高手”从几十个杯子中间如花蝴蝶般穿梭，杯子却一个也碰不倒……

轮滑的速度和美感吸引了大批观众，甚至退休在家里的老人也参加了。而对于孩子来说轮滑不仅有效地锻炼了身体平衡，增强了体质，而且还锻炼了他们勇敢不怕吃苦的精神。刚开始有的孩子摔了跟头就哇哇大哭，家长看着别提多心疼了，可其他的孩子就笑话他太娇气。后来，这个孩子再摔跤也不哭了，家长跑过来呵护，他反而劝妈妈："妈，别这样，让人看见了我多难为情呀！"有个叫王超然的小朋友身体不好，总感冒，性格还很内向，自从玩上轮滑以后，体质大大增强，而且性格也变得开朗，见到陌生人不再害羞，敢主动问好了。有个三年级小女孩，刚来的时候连跑步都跑不太好，而参加轮滑以后居然在省十运会上取得第五名的成绩。很多孩子们在一起还增加了交流，成为了朋友，社交能力大大增强！

很多大学生，甚至是老人都加入了轮滑俱乐部。有位老人都 70 多岁了还来买轮滑鞋，李东芳都不敢卖他。老人说没事儿，我以前就滑冰，跟年轻人在一起我才能活得年轻。经过几年的发展，李东芳的"风火轮轮滑俱乐部"学员已经有将近 1000 人。李东芳为了让学员的素质提高，公司特意聘请了辽宁省速滑冠军赵伟东和花样轮滑高手李楠当教练，还成立了自己公司的网站——中国极速轮滑俱乐部。如今李东芳的"风火轮俱乐部"又投入 40 多万元在"大福源"为更多的轮滑爱好者提供场地，还在大福源开起了"米高轮滑专营店"，事业开始发展壮大！

李东芳从对这个行业一点也不熟悉，到逐步熟悉，到融入其中，和很多会员成为知心朋友，这个转变过程有时候自己想起来都觉得神奇。记得在几年前还是个喜欢过安稳日子的女人，一提创业就害怕，一提做生意就头疼，停留在满足于就业的状态，而现在居然成了个风风火火的创业者，并且做得很好，做得很快乐！她从创业过程中不但找到了乐趣，更是体会到了自己的价值。

创业心得

俞敏洪提醒创业者，要想获得成功，就必须立刻开始行动。任何一个伟大的计划，如果不去行动，就像只有设计图纸而没有盖起来的房子一样，只是空谈。也许你早已为自己的未来勾画了一个美好的蓝图，但是它同时也给你带来烦恼，你感到自己迟迟不能将计划付诸实施，你总是在寻找更好的机会，或者常常对自己说：留着明天再做。这些做法将极大地影响你的做事效率。

俞敏洪说，我们常常听到人们各种各样的梦想，每一个梦想听起来都很美好，但在现实中，我们却很少见到真正坚韧不拔、全力以赴去实现梦想的人。人们热衷于谈论梦想，但仅把它当作一句口头禅，一种对日复一日、枯燥贫乏生活的安慰。很多人带着梦想活了一辈子，却从来没有认真地去尝试实现梦想。

只有人类能够去梦想，并把梦想变成现实。没有梦想就没有精彩的生活，梦想是人们对未来的向往。它意味着还没有体会过的生活，意味着无穷的可能性，意味着意想不到的惊喜，意味着对自己的信心。

可是什么因素会阻止人们去实现自己的梦想呢？我们听到的理由多如牛毛。比如说想去某地旅游，但没有足够的钱；想学习英语，但没有足够的时间；想要追求某人，但觉得条件还不够成熟等。人们对于做不成的，或者还没有做的事情，很少把原因归结到自己身上，往往都是习惯性地寻找某个外在的理由，为自己开脱一下，舒口气，然后继续过自己平庸的日子，让梦想躺在身体里的某个角落呼呼大睡。

其实，能否实现自己的梦想，外在因素只占小部分原因，主观因素才是能否实现自己梦想的主要原因。一个人要实现自己的梦想，最重要的是要具备以下两个条件：勇气和行动。勇气，是指放弃和投入的勇气。一个人要为某个梦想而奋斗，就一定要放弃目前自己坚守的某些东西。既想经历大海的风浪，又想保持小河的平静；既想攀登无限风光的险峰，又想散步平坦舒适的平原，是不太可能的事情。投入，是指一旦确定了值得自己去追求的梦想，就一定要全身心投入。心想不一定事成，而事成的前提是全力以赴去做，比如一个人想学游泳，唯一的办法就是一头扎到游泳池里去，也许开始会呛几口水，但最后一定能够学会游泳。

因此，实现梦想的关键是能否果断地采取行动。行动才是最强大的力量。有一个学生曾经说，他以后想要走遍全世界，变成像徐霞客、马可·波罗那样的旅行家和冒险家，去感受大海一望无际的壮阔，体会沙漠高低起伏的雄浑，探索落日下尼罗河畔金字塔的奥秘，追寻云雾中喜马拉雅之巅的神圣。但是他说现在还没有钱，要等到成了百万富翁以后再去做这些事情。我问了他两个问题：一是如果这辈子没有成为百万富翁还去不去旅行？二是如果成为百万富翁的时候已经老得走不动路了还去不去旅行？我告诉他，最好的办法是现在就上路，即使只是拿根棍子拿只碗，一路要饭也能实现自己的梦想。梦想是不能等待的，尤其不能以实现另外一个条件为前提。很多人正是因为陷入了要做这个就必须先做那个的定势思维，最后一辈子在原地转圈，生活再也没有走出过精彩来。所以，当我们拥有梦想的时候，就要拿出勇气和行动来，穿过岁月的迷雾，让生命展现别样的色彩。

创业从兴趣开始，兴趣是创业最好的动力

一个人只有对自己所选择的创业项目感兴趣，才会去努力创业，才能充分发挥自己的聪明才智，从而在事业上作出成绩。

创业者一旦产生创业的兴趣，就会对创业实践活动予以关注，进而热爱和追求，并由此走上创业实践之路。兴趣是创业者创业选择的重要依据；兴趣可以提高工作效率，充分发挥创业者才能，帮助创业成功。

据报道，美国曾对两千多位著名的科学家进行调查，发现很少有人是由于谋生的目的而工作，他们大多是出于个人对某一领域问题的强烈兴趣而孜孜以求，不计名利报酬，忘我地工作，他们的成功是与他们的兴趣相联系的。

心理学家认为，兴趣是对于事物特殊的认识倾向，它是一种心理活动，当发展成为爱好时，就成为一个人较长久而相对稳定的行为倾向，影响着人们能力的发挥。创业兴趣是指人们对创业具有特殊的爱好，它具有指向性、情绪性和动力性等特点，直接关乎人们工作的成功与否。人一旦对创业产生兴趣，就会对创业实践活动予以关注，进而热爱和追求，并由此走上创业实践之路。

兴趣是创业者创业选择的重要依据。获得诺贝尔物理奖的华人丁肇中教授说："兴趣比天才重要"。兴趣可以使人不自觉地集中精力刻苦钻研自己所喜欢的职业知识，启迪智慧并创造性地开展工作；兴趣更是创业成功的一个重要的推动力，它能发挥创业者整个身心的积极性，将其内在潜能最大限度地调动起来，使其长期专注于某一领域，作出艰苦的努力，取得令人注目的成绩。

兴趣可以提高工作效率，发挥才能，帮助创业成功。有人进行过研究：如果你所从事的是感兴趣的职业，可以发挥你全部才能的80%~90%，并且长时间保持高效率而不感到疲劳；如果对所从事工作没有兴趣，只能发挥你全部才能的20%~30%，工作的效率低并很容易疲劳。创业兴趣能调动创业者的全部精力，使其以敏锐的观察力、高度的注意力、深刻的思维力和丰富的想象力投入工作，促进能力的发挥，遇到挫折也能积极面对，创业过程对他来说是丰富多彩、趣味无穷的，工作不是一种负担，而是一种享受。

史蒂夫·乔布斯是美国苹果公司创始人，前CEO。乔布斯传奇的一生，源于他研发了诸多影响世界的数字产品与技术，如第一代苹果电脑、

Macintosh 电脑、第一部全电脑制作动漫、iPad、iPod、iTunes、App Store、iPhone 等。微软联合创始人保罗·艾伦这样评价乔布斯："一个无与伦比的科技潮流先驱和导演者，他懂得如何创造出令人惊叹的伟大产品"。乔布斯的成功在于，他找到了且全身心地投入到自己的兴趣之中。

儿时的乔布斯生活在著名的"硅谷"附近，也许受周围环境的影响，他对电子学情有独钟。19 岁时，乔布斯进入了 Reed 大学，但只读了 6 个月便申请退学了。后来，他在斯坦福大学 2005 年毕业典礼的演讲中这样说道："我看不到其中的价值所在，我不知道我真正想要做什么，我也不知道大学能怎样帮助我找到答案。我决定退学。然后我可以开始去学习那些看起来有点意思的课程。"

中国的大学生大多按部就班地走升学就业之路，而忘却寻求自己的兴趣所在和思考事物的真正价值。所以，有人为了上名牌大学而选择完全不喜欢的专业；有人忙于从大学毕业而忘记了最初的学习目的；也有人为了尽快就业或创业而选择毫无兴趣的行业。因此，当他们面对创业时就会感到毫无头绪。每个人的个性、能力、才华、理想、兴趣是不同的，与大众选择相同的路径不一定能够达到自己的目标。当然乔布斯的退学并不适合每个人去效仿，他的退学多是经济原因。退学后的乔布斯日子过得很困苦，也曾徘徊迷茫过。这里要说的是，成功人士的创业思路是由兴趣引发的，乔布斯创办苹果公司是源于他从小对电子学的浓厚兴趣。不要盲目地跟从他人，而是要清楚地认识、了解自己的兴趣所在，勇于思考和探究事物价值，保持清晰的头脑，探索出一条适合自己兴趣发展的创业之路。

小的兴趣也是成功的基石。乔布斯说："你在向前展望的时候不可能将这些片断串连起来，你只有在回顾的时候才会将点点滴滴串连起来，所以你必须相信这些片断会有串联起来的一天。"乔布斯退学以后，在雅达利电视游戏机公司工作之余，仍然坚持到学校读些感兴趣的课程，与朋友沃兹继续从中学开始就研究的电子学。

抱着开发一台自己的电脑的想法，乔布斯和沃兹在自家的小车库中制造出了世界上第一台个人电脑。这台"苹果第一代电脑"让乔布斯发现了商机，在市面上都是商用电脑的状况下，推出个人电脑无疑填补了市场空白。让乔布斯骄傲的是，这台外表简陋的电脑最早设计了漂亮的印刷字体，而这归功于他曾按照自己的兴趣读了 Reed 大学的美术字课程。成功之门总是面向有准备的人敞开，乔布斯与沃兹经过长期对所感兴趣学科的积累而制造出了第一代个人电脑从而成立苹果公司；他对美术字的兴趣更是给全球的电脑印刷字体带来了变革。这些都在提醒我们：不要忽略你的兴趣，哪怕你现在觉得它微不足道，也许有一天它会给你的人生带来巨大财富。

好奇心是创新的源泉。乔布斯是如何做到先人所想的，是依靠苹果公司详细深入的市场研究分析报告吗？乔布斯认为，"你不能问消费者想要什么，然后再提供产品给他们。等你作出来的时候，他们已经想要新的东西了"。的确，在有 iphone 之前，你不会想到一部拥有上万个应用程序，电池却用不到一天的手机，会让双卡长时间待机的智能手机一夜之间落伍了；在有 iPad 之后，你发觉没有一个便捷好玩的平板电脑在手就 OUT 了，它甚至可以代替会议的纸制文件资料。在消费者满足于现有的产品，还没有意识到哪里需要或可以改进时，乔布斯就已经洞悉先机并着手改进创新了。这是凭借着乔布斯的直觉吗？用他自己的话来说就是“我跟着我的直觉和好奇心走，遇到的很多东西，此后被证明是无价之宝”。然而并不是每个人都能轻易拥有这般准确的直觉，乔布斯的直觉之所以准确前卫，正是因为他对电子行业的执著与热爱。直觉与好奇心是相辅相成的，好奇心则源于你对兴趣的热情与激情。当你置身于所钟爱的兴趣之中，你就会不断地学习、深入、探索、研究、拓展、创新，抱着一种“求知若饥，虚心若愚”的态度，你自然会先人所想，洞察先机。

兴趣是创新创业的动力。乔布斯的事业也不是一帆风顺的，他在而立之年被苹果公司开除了，这对任何人来说都是毁灭性的重击，难以走出的逆境。回顾那段痛苦的时期，乔布斯却说：“那是我生命中最有创造力的一个阶段。有些时候，生活会拿起一块砖头向你的脑袋上猛拍一下，这个时候千万不能失去信仰。我很清楚唯一使我一直走下去的，就是我做的事情令我无比钟爱”。诚如所言，风靡全球的《玩具总动员》就是那时乔布斯的皮克斯动画制作公司所制作的，它是第一部电脑制作的也是首部全 3D 立体动画电影。他还创立了软件公司 NeXT，这使他重回苹果公司。一些刚走出校园的大学生，会以为创业不难，因为一些没什么文化的人都成了公司总裁，但是慢慢地会发现：选项目，筹资金，选店面，组团队没有一样是容易的。于是，很多人在创业屡屡受创之后，选择了放弃。事实上，容易放弃的都不是你所钟爱的，所以开始选项目时就应该选你最感兴趣的，而不是目前看来最赚钱的。只有选准你情有独钟的行业，你才会在遇到困难的时候坚持不懈地寻找突破口，在遇到瓶颈的时候去竭力创新，你才能在所选行业中走得更加长远。创业不是容易的事，没有人能随随便便成功，遇到困难阻力在所难免，只有始终坚持自己兴趣的人才能得到胜利女神的青睐。

任何事物对于不同的人而言都有着不同的价值，盲目效仿并不一定会获得同样的效果。这就好比让一个对学习毫无兴趣却对创业充满激情的人去考研，显然是浪费时间。找到自己的兴趣所在并从事它，是迈向成功创业的第一步。因此，不要忽略你的兴趣，哪怕你现在觉得它微不足道，也许有一天它会给你的人生带来巨大财富。积累任何与兴趣相关的知识或其他看似不相关的兴趣的知识都会成为你创新创业道路上的基石。

一个人对某一事物的热爱与好奇，能够促使他探索更多的知识，激发他最大的潜能，从而不断改进创新，走在行业的前端。乔布斯在电子产品领域有着诸多的新成果，他视自身为最狂热的使用者，更是最为渴望有新突破的电子产品消费者，这促使他不断创新，为自己的兴趣设计研发新产品新技术。乔布斯凭着对电子行业绝对的激情和狂热，改变更影响了全世界的手机市场、个人电脑市场乃至整个电子行业。

乔布斯让这个被咬了一口的苹果成为时髦的代名词，引领了一场触屏手机和个人电脑的革命。创业者创业也要选择自己最为感兴趣的行业，才有可能迸发出创新创业的激情与无限潜能，早日迈入成功的大门。世界上有四个苹果，一个给了夏娃，一个给了牛顿，一个给了乔布斯，还有一个在你的手中。

创业心得

许多研究已经指出，单独使用“能力”一词并不能解释、预测创业生涯的成功和失败，你的兴趣、价值观、动机等情感性倾向因素对创业者适应性都有影响，因而同样必须加以考虑。在这些因素中，又以兴趣所起的作用最大。兴趣是人们活动的心理动力之一。作为个性倾向的重要内容，它能够创设一种积极进取、主动热情的心境，支持人们去探索和参加各种活动。

人们一旦产生某种兴趣，便会聚精会神地投入其中，克服一切困难，直到最后取得成功。一个人只有对自己所选择的创业项目感兴趣，他才会去创业，才能充分发挥自己的聪明才智，从而在事业上作出成绩。广泛的兴趣可以使人眼界开阔。如果一个人兴趣比较广泛，就会经常注意周围出现的新问题，从而大大地拓宽自己的知识面。你在创业时，不仅需要知道自己有能力选择什么样的项目，也需要知道自己对哪类项目感兴趣并能满足自己的意愿。只有将能力和兴趣相结合起来考虑，才有可能在创业中成功。

兴趣比天才重要，一个人只有静心反思自己，到底自己最喜欢什么？只有做着自己感兴趣的事才会积极主动，才会忙得忘了吃睡，才会在工作中就像玩游戏一样体会到生活的快乐、人生的幸福。做自己高兴做的事就不会怨声载道、没有责任心。兴趣、爱好在创业中功不可没，选择你最感兴趣的项目后创业，会使你乐在其中，全力以赴。俞敏洪指出，依靠兴趣创业致富大致可以分为两种：一种是先有兴趣，在所热衷的事情中，不断钻研，最后闯出些名堂来；还有一种是事先并没有对某一事物有特别的兴趣，但在创业过程中，潜在的对该事物的激情被挖掘出来，进而不断深入，快乐致富。

创业应该懂得抓住机会，利用机会打开突破口

发现创业机会不是一件容易的事情，但也并非高不可攀。创业者可以在日常生活中有意识地加强实践，培养和提高这种能力。

俞敏洪说，创业是发现市场需求，寻找市场机会，通过投资经营企业满足这种需求的活动。创业需要机会，机会需要发现，在茫茫的市场经济大潮中要想寻找到合适的创业机会，需要创业者具备一定的素质。大家可能经常听到一些想创业的朋友这样抱怨："别人机遇好，我运气不好，没有机遇"，"我要是早几年做就好了，现在做什么都难了"，其实这都是误解。因为机遇无处不在，就看你能不能发现它。

1962 年，俞敏洪出生于江苏农村，并于 1980 年考入北京大学英语

系，1985年留校当英语老师。1991年，“留学潮”再度兴起，北京海淀区出现了许多正规或不正规的外语培训班。作为北大英语系的教师，俞敏洪被请去一些外语培训班参与教学活动。当然，他最初挣钱的目的是为自己出国留学做准备。

俞敏洪也考了一次托福、一次GRE，成绩尚可，但在联系国外大学时屡受挫折，3年仍未成功。然而，他却在外语辅导班里发现了自己的发展空间：出国英语培训竟然能赚大钱，而且这钱赚起来不算太难。俞敏洪就此找到了自己的发展之路，他抛弃了一度自视甚高的北大教职，在海淀黄庄租了一个小教室，招了13个学员，于1993年正式创办了自己的北京新东方学校，专事英语考试强化教学。

创业的路当然很难。不但有早期的“刀子捅人”事件，还有例如要面对各级主管部门的各种要求，甚至遭遇美国对外考试中心发难的麻烦事，但俞敏洪凭着天生的能言善辩和乐观心态，总能化险为夷。

师从北大、又在北大的讲坛上站了多年的俞敏洪，凭借多年的钻研，以专家的身份在同业中很快就显示出不凡的身手。他和他的新东方将中国人望而生畏的托福、GRE考试变成了福特式的生产线。新东方以自创的单词快速记忆法、对标准化考试的精确拆解、口耳相传的讲课方式使学员的考试成绩出奇地好。

据不完全统计，新东方学校的学员当中，有近万人的GRE成绩超过2000分，国内2380高分的殊荣也归于新东方学员；超过1万名的新东方学员托福成绩在600分以上，每次托福考试，都有数名学员获得677的满分。俞敏洪不断为全球范围内英语最高得分者贴上新东方制造的标签。

俞敏洪没有出国，但他成了“出国梦”的缔造者，成了中关村英语考试“社会”中的“教父”。学员滚滚而来，钱财也滚滚而来，到1999年底，新东方在寸土寸金的中关村拥有了自己的教学楼，教师高达100多位，他的个人资产也成了一个让人无法揣测的巨额数字。

俞敏洪多次谈到，机会到处都是，就是看你能不能抓住。比如，修自行车是一个不起眼的小生意，但是朱跃清却把它做成一个很好的创业项目。1997年秋季他下岗后立志创业，抓住上海高校后勤服务改革的机会，投资2000元在复旦大学开了一个自行车维修点。第一个月就赚了1000多元，后来他在老师指导下尝试用连锁经营的方式拓展维修点，做大修车业务。现在他已在上海12所高校开设了自行车维修点，并先后开拓了绿地养护、无水洗车、物业保洁、汽车装潢等新的项目。不仅自己成功创业，还带出了54个小老板。这个例子说明了“不怕没有机会，就怕没有眼光”。

著名成功学大师拿波伦·希尔说，“一切成功，一切财富，始于意念”。一个想创业的朋友，如果你暂时还没发现机会或抓住机会，你不要怨天怨地怨别人，先想一想自己的态度是否积极？思想观念、思维方式是否正确？俞敏洪谈到新东方为什么能成功时说道：“发现创业机会不是一件容易的事情，但也不是触不可及，创业者可以在日常生活中有意识地加强实践，培养和提高这种能力。要有良好的市场调研习惯，发现创业机会的最根本一点是深入市场进行调研；要了解市场供求状况、变化的趋势，顾客需求的是否得到了满足，了解竞争对手的长处与不足，要多看、多听、多想，也就是我们常说的见多识广，识多路广。我们每个人的知识、经验、思维以及对市场的了解是不可能做到面面俱到的。因此多看、多听、多想能使我们广泛获取信息，及时从别人的知识、经验、想法中汲取有益的东西，从而增强发现机会的可能性和概率。我们要克服从众心理和传统的习惯思维的束缚，敢于相信自己，有独立见解，不人云亦云，不为别人的评头论足、闲言碎语所左右，才能发现和抓住被别人忽视或遗忘的机会。因此，对于创业者来说，机会到处都是，只是看能不能抓住创业的机会。”

华人首富李嘉诚说过：当一个新生事物出现，只有5%的人知道时，赶紧做，这就是机会，做早就是先机；当有50%的人知道时，做个消费者就行了；当超过50%时，你看都不用去看了。

华人首富李嘉诚还说过这样一句话：每一个革命性工具的发明都会诞生一个新的商务时代，而每一个新的商务时代的到来都会造就一大批富翁，而每一个富翁的产生都是快人一步，当别人不明白时他明白了，当别人明白时他已经行动了，当别人行动时他已经成功了，当别人成功时他已经非常富有了。

我们现在又将如何去面对呢？是“揭竿而起”做弄潮的先锋，还是做安于现状的旁人；是冲锋陷阵做时代的号角，还是拖人后腿做机会的盲人。机遇就在你的眼前，路就在你的脚下，人生难得几回搏，此时不搏待何时！

在创业的过程中，每一位创业者都会无可避免地遇到很多问题，然而有的人经历风雨迎来彩虹，获得最终的成功创业，而有的人却历经挫折最终以失败告终。那么，想成功创业应该如何做呢？

其实，创业者在开始创业的时候，就应该意识到，创业要想成功，必须善于总结，积累创业经验。创业是来自于经济市场的，是来自于用户需求的，是来自于先进技术的；而创业成败的关键之一就在于如何抓住市场机会。

1. 做好机会记录

并不是每个机会都是值得开采的金矿，列好清单，做好记录能提高你找到、抓住机会的概率。这份清单中的机会也许会引导你发现新的机会，换句话说，你会发现一些相关的机会，如果没有这个清单，你可能就会错过。如果哪个产品或服务不是你想的那样，把它记下来，同时记下你认为这个产品或服务应该是什么样子的。如果你的创业驱动力更大，就应该由此分析出你从这个商业机会中学到了什么，哪些是你可以借鉴的。

2. 了解别人发现的机会

创业者们总爱谈论他们发现的那些机会，这是本性，毕竟这是一件令人激动的事。但如果你能进一步地了解创业者是如何发现他们的创业机会的，会让你的头脑对商业机遇更敏锐。

3. 问问自己：你能把它变为现实吗

把不可能变为可能好像是创业者们应擅长的，但要让某件事成为现实，你就要找到别人没想到的新方法。如果新方法中涉及市场中未出现的产品或服务，那恭喜你，你找到了一个新机会。

4. 扩大视野向外看

创业者习惯于解决问题，但他们经常把自己局限在解决商业问题上。

试着把视野扩大一下，看看你生活有哪些要解决的问题。不是说让你用你常用的服务或产品去解决问题，而是通过问题发现市场中的蓝海。

5. 超越你的力所能及

人们怕被别人把自己看作狂妄之徒，总觉得去追逐那些自己难以做到的事有碍颜面。但创业者们知道，他们的事业就是建立在他们的不满足上，他们总想要得更多，所以，不妨“好高骛远”一些。如果别人做不到，那就是你的机会。

创业心得

俞敏洪指出，探索发现商业机会的好方法有以下几个：

第一，从“低科技”中把握机会。随着科技的发展，高科技领域是时下热门的行业，但是机会并不只属于“高科技领域”，在运输、金融、保健、饮食、流通这些所谓的“低科技领域”也有机会，关键在于动脑。

第二，变化就是机会。环境的变化会给各行各业带来良机，人们透过这些变化，就会发现新的机会，这些变化可以包括产业结构的变革、科技进步、通信革新、政府放松管制、经济信息化、服务化、价值观与生活形态变化、人口结构变化等。

第三，追求“负面”就会找到机会。所谓追求“负面”就是着眼于那些大家“苦恼的事”和“困扰的事”。因为是苦恼、是困扰，人们总是迫切希望解决，如果能提供解决的办法，实际上就是找到了机会。例如双职工家庭没有时间照顾小孩，于是有了家庭托儿所；没有时间买菜，就产生了送菜公。这些都是从“负面”寻找机会的例子。

第四，集中盯住某些顾客的需要就会有机会。机会不能从“全部”上去找，因为共同需要大家都可以观察到，基本上已很难再找到突破口。而实际上每个人的需求又都是有差异的，如果我们时常关注某一部分人的日常生活和工作，就会从中发现机会。因此，在寻找机会时应习惯把顾客分类，政府职员、菜农、大学讲师、文学编辑、小学生、单身女性、退休的研究人员……了解了他们的需求特点，就会发现很多机会。

学历代表过去，只有学习能力才能代表将来

学历高低与创业成功与否并没有必然的联系，学历高的人须自勉自立，学历低的人须自信自强。

俞敏洪曾作过统计：在创业成功的青年企业家当中，北大、清华、复旦等顶尖高校的毕业生只占5%，普通大学毕业的却占了80%。俞敏洪说，上北大、清华和上普通大学前途是一样的，北大、清华可能会好一点，刚开始工作可能1个月3500元，普通大学1个月也许只有3000元左右，就算哈佛本科生，1年收人也只有5万美元。硬资格带来的差距并不大，未来的增长更多地是靠软实力，也就是你为社会作出的贡献及所创造的价值。

俞敏洪在一次演讲中说道：我们每一个人都希望自己能够成功，当然成功有很多定义，什么叫成功，每个人都有不同的定义，但是如果说我们认为成功是一个好东西的话，我首先想说，成功与你的长相是绝对没关系的。看看马云，大家就非常明白了。

成功跟你的学历也是没有关系的，我跟马云都是考了3年才考上大学的，我们两个现在大概都是本科毕业。在这点上我比马云要厉害一点，他考了3年进的是杭州师范学院，我考了3年，我进了北京大学。但是大家都知道这个其实没有关系，站在今天这个舞台上来看，马云不管是他的资产还是他的社会名声以及他见到的社会名流都比我强。如果把这些也当作成功的标准的话，都要比我多得多，他的财产也比我多，他在中国的名声也比我大。

所以大家可以看到其实成功是一个不断向前走的一个过程，跟你当初是什么状态是没有关系的。所以我有一句话想告诉大家，所谓成功就是你只要有一点上进心，明天就会比今天活得更加好，后天就会比明天活得更加好，加上有耐心，可能就能取得更多的成功。所以我常常对学生讲一句话，就是如果你现在感觉到自己不成功或者没有什么事业，没有关系，但是你只要坚持明天比今天好这个概念，5年不行你就10年，10年不行，你就干20年，总会有出人头地的一天。

我当时上学的时候，跟马云一样，从来没有得过班里的前十名，他比我还要好一点，但是我当时就有了这样的一个想法，就是我用我的时间来弥补我聪明的不足，就是同样的一件事情，你也许一天就搞定，那我就用十天来搞定它。因为我发现边上有这样的同学，包括进了北大以后，大家都知道北大的学生都像人精一样，我发现他们很轻松的，很多事情用一个礼拜就能干成，我有的时候用一个月可能都干不到他们那种程度，我就想，到我毕业的时候，也是全班倒数第五名的水平。所以我当时就有这么一个想法，就是你们5年干成的，我干10年；你们10年干成的，我干20年；你们20年干成的，我干40年……实在不行，我就努力保持心情愉快身体健康。

从俞敏洪的演讲中我们可以看到，学历固然重要，但学历不代表一切。对于创业来说，学历高低有各自的优势和劣势，下面我们就来分析一下。

首先，分析下高学历与创业。

高学历人读书多，见识广，思想开阔眼光远，是为优点和长处。然而此类人大多自恃有知识有技术，满眼都是机会，反而会很浮躁，细节之处看不到，或者是碍于面子和身份而不去落实——忘掉了“万丈高台起于垒土”，“不积跬步，无以致千里；不积小流，无以成江海”等中学就知道的道理。须知成功往往始于小事，而小事恰恰是不入高学历人法眼的。

高学历人往往惧怕失败，这是心理问题。他们往往不能正确看待自己的高学历，在知识的大学里成功仿佛是习惯，清高是一贯的姿态。然而到了社会大学，却经不住风吹雨打，无法适应残酷的竞争，迷失了自我，迷失了方向。实际上，真正的大学在社会。

高学历人过于相信甚至迷信自己的技术，但是做企业和做科研完全是两回事。以技术作为创业核心是远远不够的，企业最终是以社会服务来换取经济利益，如果不能将技术和服务结合好，企业是做不大的。科技发展和信息传播如此迅速的今天，你新上市的产品几天后就会有别人作出来跟你竞争，所以你经营的不是技术和产品，而是服务。

下面再分析一下低学历与创业。

低学历人在知识上相对薄弱，但大多阅历广，经历了社会大学的洗礼，对商场认识更加真实。此类人如果创业，都有吃苦耐劳、脚踏实地的精神，心理承压能力超强，俗话说光脚的不怕穿鞋的，拼命劲头十足。但是不得不承认的是此类人确实眼光不够远大，墨守成规，经营和管理理念跟不上时代的发展，产品竞争力差，往往做不大，也做不长久。一些人赶上了改革开放的机遇，但是到现在很多都已支撑不下去了，不是没钱，而是没有长远的规划。

往大了说，这类企业家的企业能解决一些就业问题，但是对国家实力提高没有多大的贡献，对产品更新换代也没有太大的贡献。目前很多这类企业家参加商业培训，倒是一个很好的事情，说明他们自己也意识到了缺点和不足了。

综上所述，学历高低与创业成功与否并没有必然联系，学历高的人须自勉自立，学历低的人须自信自强！总之，清白做人，踏实做事，志存高远，就有机会成功。

宋丽的家里很穷，她从小就下定决心要出人头地。2003 年，宋丽中专毕业之后，面临着人生道路的抉择。当时，按很多女孩子的想法，找个单位轻轻松松地上班是最好不过的事，并且到了适合的年龄，嫁个好丈夫就可以了。

但宋丽并不这样想，创业的火种一直在她心中燃烧。主意已定，宋丽就跟家人商量。父母给了宋丽几万元，她拿在手里，心里却沉甸甸的，因为她知道父亲赚钱不容易。到了深圳，宋丽决定以做化妆品起家。

此后，她在竞争激烈的商场中“战斗”了3年，人虽然变得又黑又瘦，但荷包却没有鼓起来。2005年10月，宋丽回到家乡，她第一时间就是寻找商机。她发现家乡经营服装的店铺虽多，但服装经营者的经营定位却不明确。

经过调研，她有了想法，最终她选择了某服装品牌。去过这家服装品牌的总部考察过之后，她心里更是有底了。找准了市场定位后，她就立即着手准备店铺的事情。不到一个月时间，她的服装店便在步行街开业了。当时，许多朋友不理解她为什么这么大胆，因为步行街的店铺租金并不便宜，但宋丽很有信心。几个月的时间过去了，事实证明了她的信心！宋丽的服装店从此门庭若市……

找准市场定位才能成功。创业是一种生活方式，这可能是源于对物质生活的向往，更可能是源于对挑战生活的渴望。宋丽正是因从小就有这种渴望，从而聚积了她创业的激情，虽然只有中专文凭，可是，她成功了。

这个事例说明，创业和学历是不成正比的，不管你有没有学历，社会都是一个最好的大学，可以让你从失败和挫折中学习，而且更刻骨铭心。创业需要动力，需要激情与梦想，文凭只是找工作的敲门砖，跟创业没有绝对的关系。你如果有好的眼光、好的项目，只要用心做了，结果肯定会是好的。对于大学生创业的问题，俞敏洪也谈了自己的看法：

1. 不赞成大学生盲目创业

对于要不要鼓励大学生创业，我认为要理性看待。人一辈子如果没有一次创业经历的话是一件非常遗憾的事情，但现在的情况是，面对大学生就业难的问题，大家就拼命鼓励在校大学生都去创业，这实际上是有问题的。现在的孩子多数都是独生子女，人与人之间的相处能力，对于行业的了解、容忍度等都不成熟，在创业时，大学生的人生经验还不够。

我研究了很多国家的教育体制，没有发现一个像美国这样充分就业、充分鼓励创业的国家，他们在大学的时候就鼓励每个大学生自己去开公司。我们一讲创业常常就说到比尔·盖茨，为什么呢？因为他大学都没有上完，在自己的车库里就研究出了微软，但这样的人毕竟是天才，这样的天才在全世界都是可以数得出来的。

鼓励大学生在大学期间或者大学一毕业就去创业，带来了几个不好的影响。第一就是对大学教育的冲击。因为大学是一个学生面对社会现实、认真研究并且学习的地方，而现在中国的大学中流行着这样一种风气，就是学生在大学一、二年级开始就想着怎么样做生意，忘掉了大学 4 年应该认真学习，把自己的底蕴变厚的初衷。

关于大学生创业，鼓励学生创业这样一个概念其实带来了一种问题，就是大学 4 年学生到底应该在大学里学什么，如果大学生要学如何创业的话，请问大学里有几个老师是自己曾经创业的，请问有几个老师能够解答学生在创业中遇到的困难。结果现在就变成了我们这样的企业家被老师拽过去给大学生讲如何创业。我每次第一讲就是泼凉水，请大家不要一毕业就创业，除非你是比尔·盖茨。

2. 大学生创业失败问题大，应先就业学习积累

创业失败会给学生带来心态上的问题。创业的学生大部分都会失败，我看到的成功的例子非常少。失败以后，会出现一个问题，就是大学生通常不会反思自己，重新静下心来认真琢磨怎么积累经验再次创业，而是会怨社会，觉得中国社会太黑暗，太不公平，认为这个社会的资源集中在少数人手里，当然有部分事实是这样的。但是还有一个问题，埋怨他人，没有团队精神，比如他创业的时候一般要跟几个同学一起做，通常做着做着就打架了，最后的结果是，他不会总结自己作为领导人或者作为团队领袖自己凝聚团队的能力不够，往往把问题归结在跟他一起创业的团队的懒惰、贪婪、不合作，从此以后对别人失去信心。

一个年轻人一旦对社会失去信心、对他人失去信心以后，他未来振作的机不会有多大。不知道大家有没有注意到这样一个现象，有的大学生毕业直接创业，创业失败了，从此以后就变成了很难描述的一种人群，对未来既没有信心，又不愿意去工作了。所以我认为大学生毕业应该先工作，甚至是在你父母的单位工作，因为现在很多父母本身就是创业的，比如我的孩子长大了，我就希望他到我这里来实习，我言传身教，告诉他怎样面对各种困难，对社会对他人要始终保持信心。他可以积累经验，观察老板是怎样干活的，知道怎样跟同事打交道，学会如何在人群中间，尤其在利益和权力的人群中间，怎样让自己变成领袖，变成大家很服气

的人。

3. 大学教育定位不准，课程设置落后脱离现实

大学 4 年应该认真学习，把自己的底蕴变厚，我说的学习当然不是脱离社会现实的学习。面对中国大学的课程设置我也是比较迷茫的。中国大学设置一方面讲就业问题，一方面很多的课程设置脱离社会现实，并且是落后的，知识更新速度不够。

一般大学课程的设置是分两个方面的：一是培养研究性人才的方向。这个方向不一定是为了某一个具体工作岗位，赚大钱的岗位，而是为了培养专门研究某个领域的高精尖科学技术和人文科学知识的专业人才。国家现在给予这些领域大量的资金补助。二是实践性的人才，也就是这个专业在设置的时候，就是大学生为了未来谋得一个很好的岗位做准备的。

现在大学生毕业以后，到处递简历，但是用人的单位确很难选拔出合适的人才，之所以出现这样的情况，就是大学教育与现实脱节的证明。新东方每年收到大学生的应聘简历大概是十万份，我们从中挑出能马上用的人才最多是一两千人，其余至少要经过半年左右的培训才能上岗。这就意味着大学教育是与社会脱节的，尚待改善。

创业心得

踏上创业之路，什么是我们最必不可少的准备呢？是渊博的知

识？是雄厚的资金？还是丰富的经验？其实，创业与你的学历、资金、经验都没有必然的联系，但是却与你的梦想、态度有着密切的联系。

树立人生的梦想，就有了前进的动力。对于每个人来说，创业的动力无外乎有以下几方面：不满足于现状，寻求新的成长空间，实现自己更大的人生价值，追求一种健康、富足、自由、开心的生活方式，通过自己的努力去改变家族的命运，让家人享受幸福、自在的生活！

既然你羡慕成功者的辉煌人生和富足生活，何不通过自己的努力让自己也品尝一回成功的滋味呢？“心有多大，舞台就有多大”，只要心中建立宏伟的目标和梦想，就会拥有源源不断的动力和坚持不懈的行动。

创业之初，要找准自己的创业起点，要了解“我”在哪个位置，“我”有什么。比如说你的人际关系、经济状况、工作经验、个人能力，是否有过创业的背景等。假如你是见习业务主任，就要学会清晰了解自己的市场业绩、市场分布情况、人员构成情况，以及专业知识还有哪些需要提升。了解自己的状况，能够帮助你制订行动计划，顺利起跑。

要有创业目标。每个人的具体情况不同，起点也不一样。制订目标要脚踏实地，目标太高会导致遥不可及，望而生畏。行动要感性，思考要理性，要结合现状，制订切实可行的下一步目标，如晋升业务主任或高级业务主任。目标确定后，要解读目标，找出目标与现实的差距，并制订相应的市场拓展计划与行动方案。接下来就只需循序渐进，脚踏实地，行动，行动，再行动！

赢在坚持。每一个成功的创业者都拥有一颗勇敢的心，有着满腔的激情与执著。激情是动力，因为有激情，我们才能倾情投入，用心经营出成绩；坚持是美德，因为有坚持，我们才能专一专注，在无限的事业中收获自己的梦想。

创业不能盲目浮躁，要踏踏实实地走好每一步

成功是长时间努力、积累和进步的结果，是水到渠成的事情，绝不是心急就能做到的。

不经过调查，只是道听途说，就认为一个项目绝对能赚钱；看见别人都去创业，也不考虑自己的优势在哪儿、不足在哪儿，就跟着别人一起冲向了创业的战场；别人说干什么容易自己也去干什么，完全不考虑两个人之间的个体差别……以上几种现象，是很多初期创业者常犯的错误！对此，我们只能给出两个字的评语——盲目！

盲目是一种可怕的创业心理。很多时候那些看起来不容错过的机会，实际上是一个深不见底的陷阱，创业者如果陷入盲目心理的怪圈，就难免掉进别人布置的陷阱。在失败之后有些人找借口说：“这个陷阱伪装得

太好了。”这不过是个失败的借口，你之所以会掉进陷阱，更重要的原因还是在于你内心的盲目。因此，要想创业成功，一定不能盲目。

盲目心理会导致人目光短浅、见事不明，更会导致创业失败。许多创业者在创业前，既没有深入调查市场，又没有做好充分的创业准备，靠的不过是一时的兴趣或是冲动。你要知道：创业需要的是理智而不是冲动，是冷静而不是狂热。

盲目乐观要不得。在创业过程中应该有信心，敢于承担风险和善于化解风险但创业也是一个艰辛的过程，需要平和的心态和坚韧的耐力，创业最忌讳的就是不切实际的盲目乐观。

想要创业的人们，往往心中被雄心壮志填得满满的，只想着日后如何如何成功，怎样实现自己的宏图大志，而在选择创业项目的时候犯了盲动、盲目的错误，正好被一些不良企业钻了空子。这些不良企业看准了这些人一心只想成功的心态，便一个劲儿地忽悠，说自己的项目多么好，加盟合作后赢利多么快，简直是一本万利，万无一失……而一心想要创业的人们，看到人家把项目说得如此之好，对自己又是如此热情，也就没想那么多了，稀里糊涂就把合同签了，钱也交了，高高兴兴地回家准备当老板了。可当店真的开起来了，才发现根本不是那么回事。自己没有什么营销经验，不知道怎么打开局面，只有等顾客上门，结果是不仅不赚钱还天天在赔钱，弄得自己像热锅上的蚂蚁，而当初所谓的加盟总部、客服中心也对自己不理不睬了，有的甚至人间蒸发，不见踪影了。

如此深刻的教训应该说是经常在上演，这类情况提醒创业者：有心创业是好事，但不能盲目乐观，一定要睁大眼睛，保持清醒的头脑，不要被人家灌几勺迷魂汤就找不到东南西北了。在项目的选择上，要尽量做到多走、多看、多问、多查。多到实地走走、看看，多问问项目的相关情况，多查查企业的相关背景及资质，是不是真的是可靠的、值得信赖的等，不要对创业前景一味地盲目乐观，防止一不小心掉入陷阱。

每一个创业者，都要对创业项目进行详细的调查和谨慎的选择，保持清醒的头脑，只有这样才能减少失败的概率。

认识了自己再创业。部分创业者在创业过程中，心理期望偏高的现象比较普遍。他们由过去的重精神转向重实惠，产生“前途前途，有钱就图”、“管它专业是否对口，挣钱第一”等错误观念，仓促上马，唯利是图，只看目标，不考虑可行性，盲目创业，最终败得一塌糊涂。

这种“盲目病”通常表现在：一是创业心理不成熟。想法过于简单，将创业的困难往往归结为资金与物力等具体问题。二是对创业前景盲目乐观。项目的可行性只停留于理论分析的数据中，没有一个可行性高的实施方案作为保障。三是认为激情是克服创业困难的法宝，忽视了综合素质与个人潜能是创业的首要前提。四是在创业项目所需各方面知识与经验储备不足的条件下草率启动，之后迅速失败。

小李毕业之后就一直想着自己创业，短短五六年间，她就换了好几个行业创业，但是最后都以失败告终。

在几度失败之后，小李觉得自己根本不是创业这块料，情绪一度落到了谷底。但是经过一番思考，她认识到自己之前失败虽然在客观上有很多理由，但从主观上讲理由只有一个——没有认清自己，跑到了自己所不擅长的行业中。最后，她决定再试一次，这次她开了一家服装店。

开服装店这个决定不是她的一时兴起，因为她大学学习的就是服装设计专业，对于服装有较强的审美能力，而且她的同学现在大部分在这个行业中工作，肯定会有许多便利条件。

小李的服装店开起来之后，果然扭转了过去创业的惨淡局面，觉得处处得心应手，很快就获得了可观的收益。

人最大的盲目，其实就是不能看清自己，创业者不能有这样的软肋。在创业之前，创业者必须给自己进行一下“综合评定”：专业技能、人脉关系、资金基础、技术支持，这些都是需要创业者自我认知的条件。

小李的成功，其实就是认清自我后的成功。对客观世界的盲目固然可怕，但对于自我的盲目才是创业路上的最大障碍。一个人只有在认识了自己之后，才能真正在事业上有所收获。

因此，在创业的路上，创业者一定要避免任何层面上的盲目，让自己清醒地认识自己和世界，这样才能获得成功。

万科董事长王石在为大学生创业大讲堂讲课时说过一句话：“创业时一定不要急于求成。”确实，急于求成正是创业路上的大忌。

很多人愿意给自己规划一张宏伟的蓝图，然后开始想象自己将来事业有成之后是如何的成功和荣耀，到最后都恨不得一夜之间实现自己的一切愿望，这就很容易陷入到急躁心理的怪圈中。

一切事情都是有过程的，罗马不是一天建成的，急于求成的心理最终只能导致创业的失败。所以我们不妨放远眼光，注重自身的积累，循序渐进，厚积薄发，自然会水到渠成。

小王毕业之后在一家公司上班，工资不高不低，日子不好不坏。波澜不惊的日子对于小王来讲就是一潭死水，所以他急于想通过创业来改变自己当前的生活。

当小王把自己的想法告诉父亲之后，父亲对他说："你想自己创业我是很支持的，但是你现在是为了创业而创业，心情过于急躁，没有冷静地思考，所以我建议你还是要等时机成熟了之后再考虑。"

小王认为父亲的想法完全是"老一套"，他心里对自己说："一万年太久，只争朝夕，我说什么也要赶紧开始自己的事业，决不能再给别人打工了。"抱着这样的想法，小王开始四处筹集资金创业，没有合适的项目就四处打听，只要有创业的机会小王就急急忙忙地往里钻。就这样东一榔头西一棒子地创业了一年之后，小王不仅毫无所得，还赔进去不少钱，连自己当初的那份工作也没有了，陷入了非常窘迫的境地。

俗话说：心急吃不了热豆腐。无论做什么事，都不能急于求成，否则会给自己带来不必要的损失和痛苦。然而，近两年来，不少个体、私营企业在产品开发过程中，一见到市场上的畅销产品就盲目跟风，仓促上马，结果不但"热豆腐"没能吃下，反而还烫了嘴巴。

诗人萨迪说过："事业常成于坚忍，毁于急躁。"的确如此，急躁常使我们不能冷静地审视客观条件而任意行事，其结果往往是事倍功半，甚至事与愿违。急躁与一个人的气质和性格类型有关。遇事急躁，缺乏耐心，沉不住气，这是一种不良的情绪。如果在创业的过程中也常常急躁不安的话，那么将一事无成。

很多人都认为：即使条件不成熟，在实践中加以完善就行，不需要等条件成熟了再创业，也许到时机会已经没有了。正因为抱着这种“机不可失，时不再来”的态度匆匆行事，急于创业，也就为自己的失败埋下了伏笔。

每个人都想快点成功，这是正常的心理，但是如果这种心理发展成了急躁情绪，就需要特别注意了。还有一些人，天生就是急脾气，在创业时也难以控制自己的情绪，那么就更需要一种行之有效的方法来控制自己的情绪了。

情绪确实是一种难以克制的东西，如果创业者想要消除急躁心理，就必须从以下几个方面入手：

1. 不能没有准备好就急于创业

创业是个漫长的过程，一辈子的付出才能得到结果。所谓一辈子，它包括了一辈子的时间、金钱、精力、情感甚至是生命的代价。不要只盯着成功者的风光，要多看看失败者的辛酸，也不要因为想创业或想挣钱就急于去创业。这些想法只会让你的心智被创业光鲜的一面遮挡，而想不到创业的艰辛和曲折以及一路上充满的变数和凶险。

2. 决定创业了不要急于投资

创业能否成功有许多条件，这些条件是否具备或能否满足创业的要求，其实在投资前就应想清楚，比如自己所熟悉的业务、技能，对市场的了解等。对这些问题要认真分析和评估，如有不确定的因素，就要安排时间去了解学习，之后再进行投资。

3. 投资后不要想急于获利

利润的产生取决于销售收入的多寡，销售收入从无到有、从少到多有一个时间过程。现在的市场大多是买方市场，不愁买，就愁卖，因此市场的开拓能力和市场开发成本的投入将直接影响收入，急功近利很容易陷入被动，也会大大影响自己的判断能力。

4. 创业刚有起色不要急于扩张

市场充满无尽的诱惑，但同时也隐藏着极大的风险。创业有了起色，内心会处于过于自信的状态中，这将影响你对于公司前途的正确选择和判断力。应该先把现有的事业经营好，基础打牢，心理更加趋于理性，然后再考虑扩张之事。

影响创业成败的因素很多，以上几点只是从创业心理的角度作了简单的分析。其实所谓的“创业陷阱”，很多时候不是因为它本身就是个陷阱，而是因为人们操之过急，才使得情形发生了变化。所以，学会克服急躁心理，对创业者绝对是有好处的。

创业仅仅靠良好的愿望和热情是不够的，还需要一个累积和坚持的过程。要学会先播下种子，付出努力，细心地培育，然后耐心等候收获的秋天。

创业心得

很多时候，创业者之所以犯错误，是因为浮躁情绪的影响。俞敏洪强调：也许是由于从小在急功近利的氛围中长大，现在的许多年轻人缺乏成大事所需要的努力。大学生们很少能静下心来读几本可能让自己终身受益的书籍，很多人读的是武侠小说或浅薄的商业书籍，只有极少数人读过罗素《西方哲学史》或其他有深刻人文思想和精神的书籍。毕业以后，有的人一年就换两三次工作，能踏踏实实坚持做一项工作直到取得成就或成为某个领域专家的人少之又少。

很多人脑子里充满了不切实际的想法：不是想去哈佛，就是想去牛津；不是想成为百万富翁，就是想嫁给百万富翁。当然，不想当将军的士兵不是好士兵，但前提是必须先当一个好士兵才行。成功是长时间努力、积累和进步的结果，是水到渠成的事，绝不是心急就能做到的，生长速度越快的树木，其密度就越低，生命往往也越短暂；而松树、柏树等要上百年才能成材，用起来却可千年不朽。如果我们想成就有价值的人生，我们拥有一辈子的时间，何苦那么着急呢？请记住：急事要慢做。

沟通能力不可或缺，它与执行力同样重要

沟通障碍往往会造成多次返工，事倍功半，严重时还会酿成不可挽回的损失，导致创业失败。

创业者与合伙人之间或多或少都存在着一些分歧，如果解决不好这些问题，那将是一个巨大的危机。那么如何才能解决这些棘手的问题呢？俞敏洪强调，解决这些棘手的问题答案只有一个，就是沟通，沟通，再沟通。因为创业者未必是样样都很专业的专才，但至少应该是样样都熟悉的通才，否则，很难将一个初创企业管好。俞敏洪指出，要想解决好创业者与合作伙伴之间的某些误会，那就必须在创业的激情背后，增加创业者的宽容度，以及提高创业者个人沟通的能力。

创业过程中充满了不尽的挑战与艰险，全部关键环节都能顺利渡过，创业才算真正成功了。首先，一个好的创业团队是必不可少的。乔布斯说过，一个组织的前10个人奠定了组织后续发展的基础，那么创业团队就是一个天然的未来创业成功组织的核心，除了这些人的个人单兵能力之外，如何相互合作成为一个更有创业战斗力的团队，就很关键了。

一个沟通总是磕磕碰碰、内耗大的创业团队，一个团队智商总是比较低的创业团队，一个不能聚焦专注于创业关键挑战、并赢得创业成就的创业团队，一个力量分散、行动缓慢、执行不力的创业团队，一个部分团队成员能量大、我行我素、屡次冲破团队组织边界的创业团队是容易走向分裂散伙的不归路的。

为了创业成功，创业团队需要将成员的力量协同最大化，所谓集思广益、群策群力，心往一处想，劲往一处使。这就需要创业团队成员的自动自发，如果没有参与、关注、尊重、自主和成就感，连笼络住团队成员都困难，尤其是现在越来越多80后、90后成为创业团队主体。

随着社会的发展，以命令指挥和服从自律为核心的古典职业价值观体系在悄然改变中，而来去自主、渴望理想和成功、人际关系顺心融融、热火朝天干活中的充实感和快乐感、有付出就要有对等物质回报就慢慢成了主流的职业理念和追求，且每个人都以自我感觉作为决策取舍的基准点。当创业的热情憧憬被现实逐步击垮后，没有创业业绩或创业计划已落空，长时间的既不能赚钱也不能享有成就感的状态下，创业团队有人用脚投票闪人就是必然的了；预期未来根本不会成功，即使有股权或期权赠予，连同劳动合同一起也就是一堆废纸。除了初出道的人还愿意多学习多看看呆着不走，所谓的承诺、职业忠诚等，也会荡然无存。

一般来说有四类团队或组织文化类型：结果导向的成就型、人群关系型、白纸黑字条条框框的制度型、个人说了算的权力型。根据前面分析，一个更合适创业的团队文化类型应是：结果导向为主，不冲突的团队关系为前提条件，慎用基于权力独断的命令指挥，以及必要时再上形式化的管理体系。这样才能从头至尾塑造并维系一个有战斗力的创业团队，推动创业的波浪式成功。

很少有创业团队是一张白纸完全可塑或能按照理想化方式来组建，而是各有先天性的不足，遇到的挑战也是方方面面的。经常遇到的典型挑战即是个性比较强悍的团队权威者，权威可以来自于年龄经验、队内资历、股权占比或正式职位，或更有专业能力、领导力和决策能力。权威者一些常见的不好的人格特质会造成团队成员的"变心"，会逆向淘汰不能接受的人，而这些情况都是对创业团队不利的。权威者应明白，自己的行为举止必须要顺从自己的创业团队文化，以创业目标结果为导向，有利于短中长期目标的实现。权威者不能把创业团队当作私有财物，把创业事业视作满足自己心理需求的载体，自己真正而持久的权威必须要从创业实战业绩中体现出来。首要的挑战就是如何塑造、整合并发挥团队合作的力量，团队力量能够 $1+1+1>3$ 只算合格，>9 才是优秀，尤其不能成为 $1+1+1<1$。而团队好好合作的前提是团队成员之间能顺畅、高质量的沟通，对此权威者承担主要责任，也是第一个需要修炼团队沟通基本功的人。

而团队成员之间之所以不能好好沟通，除了一些常见的原因和教科书式的沟通方式外，我们有必要深入分析理解沟通的本源特质及无法良好沟通的根源在哪里，在此基础上，才能提出一套完善的沟通体系，让团队沟通成为一项基本职业功力，从而学习理解与修炼提高。

沟通是一个双向动态过程，在沟通者表面化言语往来的背后，是相互之间各不相同的心智模式在冲撞，而沟通就是在不断检视和调整这些相关心智模式，最终达成共识或议而不决、不欢而散。这些沟通的本质具体说来就是：

1. 沟通的双向互动的动态过程性，包括了双方你来我往的听、理解、构思、表达等，类似于一个双人舞蹈的过程。每个环节都顺畅，沟通才算是顺畅的，否则沟而不通典型的结局就是：一方机关枪式的在说，一方沉默不语；话题还没有展开就戛然而止，跳跃到了结论式、判决式或命令式的结尾；短短数秒的三言两语沟通"共识"完毕……这些情况都破坏了沟通的双向互动的动态过程性。

2. 沟通者在沟通过程中脑海内的同步思维方式，就是阿吉利斯所谓的攀爬"思维推理阶梯"的过程：从所见所闻的原始输入开始，进行一步一步的语义分析理解，赋予定性的语义判断，作出概括性的结论，进一步形成自己将要如何反应，然后输出。当我们听到一句话或看到一个现象后，心里"自然而然"有了想法然后就脱口而出，这个"自然而然"就是Mind在快速而隐蔽的跳跃式攀爬思维推理阶梯。这个大脑的内在过程大多数情况下都不为当事人所知觉，而沟通问题往往也就出在这里，如果连当事人都说不清楚自己为何说某句话，那么如何保证言辞是合适的呢？

3. 沟通者脑海中的思维推理阶梯的攀爬过程，不是简单的线性单因素因果推理链条，必然涉及当事人的心智模式，即心智模式必然参与到思维推理阶梯攀爬过程中，沟通者自己的许多心智模式会以更复杂的多因素非线性的方式被自动引用，然后形成了我们跳跃式、直觉式的思维结论。

即使我们理解了沟通的双向动态性、注意到不能快速攀爬思维的推理阶梯，也知道了每个人心智模式隐蔽地参与了沟通思维过程，看起来只要我们都能开诚布公的讨论心智模式，而不是讨论表面化的言语词句，就能通过调整各自的心智模式而将沟通话题彻底讨论清楚了。没这么简单的好事，此时防卫心理出场了。很多时候我们心里所想的，并不能或不愿意直白说出来，也即所说的和所想的不一致，这为团队沟通又加上了一层厚厚的“霜”，这就是防卫心理。而若所想与所说的差异很大成为常态的话，就会成为习惯性的防卫心理，此时团队的沟通就陷入到了尴尬状态，每个人深陷其中都动弹不得：不理解或内心不服的表面简单顺从、凡事只说三分真心话的小心翼翼、内心不认可而表面上一团和气或唯唯诺诺的虚情假意，连激烈争吵的意愿都没有了的“不愿碰触某些话题”等。说到这里，创业团队中的权威者应该明了，当前很差的团队沟通氛围，很大程度上源于以前自己的权威式沟通方式。

防卫心理是一个客观存在的、有着进化适应性的心理机制，不是坏东西。正如一些本能的条件反射机制一样，在我们容易受到质疑否定、打击讽刺而丧失了自信或自尊的情况下，为我们的心智穿上一层厚厚的铠甲，可保护我们的身心健康。低阶员工如此，高阶管理者或老板也是如此，例如无声服从、“领导说什么就什么”、说一不二、不予讨论、严厉训斥、发脾气等都是具体表现。

在理解了团队沟通的本质以及防卫心理所造成的沟通障碍后，一个能促进团队顺畅高质量沟通的解决方案需要包括：如何保证双向互动过程、有利于清晰缓慢的攀爬思维推理阶梯，如何揭示并鉴别沟通者的心智模式，如何能够达成基于心智模式的沟通共识，以及如何打破习惯性防卫心理，之后才能让相互之间坦诚地直面艰难话题。

创业团队通过好好沟通与合作，所达成的成员之间在心智模式方面的共识，也就形成了团队共同的话语模式。它们是通过创业团队坚持不懈的沟通与合作而“成长”起来的，无法通过短平快的设定、灌输、命令来建立。因而创业团队合作与沟通的焦点不在于成员的权力、威望或人格特质，也不在于初始股权的刻意设计，最直接而根本的，在于这个团队能否克服各种先天性缺陷而形成运作良好的格局：沟通顺畅，配合默契，高品质智慧，稳定而可扩张，能应付不确定性的适应性，并塑造出相应的适合创业的团队文化。这也是创业团队与所创事业一起成长的应有之义，就是不断筛选磨合、学习调整、修炼成长。

创业初步成功之后的后续组织顺利成长，所要迎接的各方面管理挑战，例如人力资源的传帮带机制、运作管理的体系建设等这些组织执行力的重要组件，将直接依赖于创业团队在自身团队修炼方面的成功。并且一个好的创业团队及其沟通与合作机制形成后，既能做到集思广益群策群力，也能对领头人形成无形的支持、激发与约束，不再出现乾纲独断一意孤行式的、赤裸裸的赌博式的创业格局。柳传志曾说“联想班子的成员确实在制约着我”、“制度是用来制约一把手的”，就点出了创业团队合作的要点。这一切开始于悟性和自觉，成就于机制和文化，可以兼得，不必两难选择。

有志于并期待创业成功的创业者们，要在不确定的创业世界中坚持客观、开放和探索实证的统一，着实不易。除了商业模式、创业资本与资源、创业者个体资历之外，如何快速形成创业团队的有效团队运作模式，成为有战斗力和适应能力的团队至关重要，花部分时间精力来修炼作为基本功的团队沟通，既不算过分，从长远来看也是值得的，毕竟创业不只一次，此次无论成败，都会面临二次创业、多次创业的挑战。

通用电气公司前总裁杰克·韦尔奇强调：管理就是沟通、沟通、再沟通。杜邦公司前执行总裁夏皮罗认为："沟通是管理的关键，如果把最高主管的责任列一张清单，对企业来说没有一项作用比得上沟通"。提高沟通能力的要领是：

1. 学会倾听

成功的沟通总是起于倾听、终于回答。倾听是尊重对方表达权的应有姿态，是商务交往中的基本修养，更是营造和谐气氛、实现深度沟通和准确把握对方观点的前提条件。目前，许多年轻人都存在以自我为中心、只顾自我表达、喜欢插话、缺乏倾听耐心的缺陷。这种不良习惯通常会导致负面效果，阻碍沟通的顺利进行，不仅容易将有效信息拒之门外，而且容易引起对方的反感，使自己沦为不受欢迎的人。

2. 善于表达

提高语言表达的针对性、准确性、逻辑性和艺术性，做到简洁明快、幽默风趣。总裁学习网专家认为，创业者通常多种事务缠身，时间总不够用，必须节省时间、提高沟通效率，所以，简洁、明快、准确的表达方式更加适用。表达中务必相互尊重、真诚相待，尽可能做到不责备、不抱怨、不攻击、少批评，避免使用破坏性的言辞，绝不可恶言伤人。要懂得欣赏和赞美对方的优点，学会运用风趣幽默的语言和智慧，赢得对方的悦纳。

3. 恰当反馈

要善于换位思考，准确领悟对方的需求、意图和情绪状态，给予恰当的共鸣和反馈，要注重非语言因素和形体语言的运用，要热情有度，注重表意达情的方式方法。反馈时要善于求同存异，不可舍本求末，或偏离主题。自己有过失时要敢于认错和道歉，以取得谅解和信任。恰当反馈是融洽双方情感，拓展人际关系的基础。

4. 促成合作

商务沟通的意义和价值，主要在于增进理解与互信，在于达成共识、促成合作共赢。合作是创业成功的重要支持因素，是走向成功的必由之路。在当代社会，没有合作的创业注定难以成功。创业者一定要学会设身处地为对方着想，善于把握对方的兴趣和需求，找寻对方利益诉求，从双方资源的互补性出发确定合作的切入点，必须善于通过合作满足各方面的利益：股东投资求回报，银行借贷图利息，经营伙伴需赚钱，员工打工为收入，政府机关要税收。有时候，一个新合作伙伴的起用，就足以改变创业者的命运。

5. 重视人脉

人际关系在创业中的作用在逐渐加大，人脉资源已经日益成为创业信息、资金、经验的源头。一位资深业内人士总结出一条经验：人脉比知识更能影响竞争的胜负。的确，重要的人脉资源有时候甚至能起到四两拨千斤的神奇功效。所以，不断拓展人脉、扩大社交圈，通过朋友掌握更多信息、聚集更多资源、寻求更快更好的发展，是创业成功的捷径和秘诀之一。无形的客户资源网络、良好的商业生态支持网络或许就是竞争制胜的“杀手锏”，创业者对此应有全面、准确的感悟和认识。

创业心得

俞敏洪在谈到沟通时说，沟通不是指你能说会道，沟通能力也不仅仅是把你的意思传达给对方。沟通能力中最重要的一点是尊重对方：你尊重别人，别人反过来也尊重你。这个前提条件非常重要，如果你不尊重他人的人格，就很容易伤害到别人，也很容易在人际关系中为自己设置障碍。

今天的中国大学生将来可能成为政府官员，也可能成为企业家，当未来的你们面对其他人的时候，不管地位多高，能否与人平等地交流，能否对人表示尊重，从根本上决定了你能否取得真正的成功。一个不懂得尊重别人的人必然也不懂得尊重自己，因此一定会使自己陷入难堪的境地。

创业需要承受力，它决定你未来能做多大的事情

创业是痛苦的，创业的过程就是一个炼狱的过程，从某种程度上讲，创业者大都是苦命人，但创业的成功却又是最甜的。

部分创业者创业前满怀激情，对创业结果作出了很多美好的展望，但由于社会经验不足以及心理发展尚不完全成熟等原因，在遭遇挫折时，容易产生焦虑、急躁的情绪。焦虑是一种过度紧张的心理状态，它使人处于一种深度不安之中，是一种常见的神经官能症。适度的焦虑是一种压力，可以使创业大学生增强主动参与竞争和克服困难的能力；过度的焦虑，则会干扰创业大学生的正常活动，造成自身适应能力的下降，抑制个人能力的正常发挥，甚至造成各种心理问题。一些创业者在遭遇挫

折后，背上了沉重的精神负担，情绪变得不稳定、心烦气躁、忧心忡忡、意志消沉，陷入焦虑急躁之中，这严重影响了创业活动的持续发展。心理承受能力是决定创业者成败与否的一个重要因素。确实，创业之前，要考虑好个人的承受能力。有一个较高的起点是好的，但是另一方面，因为你有很多其他的选择和机会，你没有到一个破釜沉舟的境地，遇到一点点困难和挫折的时候，就很容易放弃。俞敏洪强调，心理承受能力决定你未来能做多大的事情。对此，俞敏洪在一次演讲中说到：

创业的过程是一个学习的过程，是一个失败的过程，是一个积累经验的过程，也是积累社会阅历的过程，直到最后创业成功了，历经沧海以后，才能回归到平常的心态。那个时候，才是所谓的财大气不粗，位高权不重，那种心态，是需要大家努力做到的。现在大家依然是青春热血，想做什么事情，去做就行了。

赢在中国，赢在明天，都在讲赢，我们就先来解析这个“赢”字：赢上面是一个“亡”，如果你没有必死的决心，坚决不走回头路这样的勇气，你是不会成功的，所以就要有亡命徒的精神；“亡”字下面是一个“口”字，我们说是言行字，也可以说是理想目标，这个“口”是语言，也可以是表达能力，或是对自己的鼓励。光有亡命精神是不行的，还必须要有目标理想。说出来的话都是同样的话，作出来的事都是同样的事情，如果一个人做一件很简单的事情，就是言行一致的事情。大家可以看到，创业是很苦的一件事情，太阳底下在干，月亮底下也在干，我现在每天要工作 16 个小时，有的时候不得不工作，再累也得干，因为你站在事业的这条线上，你不想跑，别人也会推着你往前跑。

中间的“贝”就是钱的意思，钱可以成为激励你干事业的动力。钱是好东西，人人都需要钱，只是钱在不同人手里，变成不同的分量而已，所以这个世界上肯定是钱越多越好。谁也不会说巴菲特钱多，像我现在还想要很多很多的钱，我不会去给自己买飞机，买游艇，我觉得这可能是种浪费，但是我可以做自己喜欢的事情，比如资助贫困学生，背着包去旅游……不是说我自己有钱了，就说钱是好东西，从某种意义上说，把钱用在什么方面可以成为评价一个人的标准之一。所以一定要有有钱的欲望，但是要牢记：君子爱财取之有道。第二层意义是什么呢？如果你想把事业做大，必定要把钱分给别人。这里面剩多少好，剩多少合适，就是智慧的问题了。大家知道很多中国民营企业家做得很成功，有的民营企业家持股 70%、80%，其事业很成功，有的仅占 10%、20%也很成功。这个完全是你自己的感觉，以什么样的方式激励别人，才能达到团队一起奋斗的状态。所以中间“贝”字就表明了两个状态，为自己挣钱，为别人挣钱。最后才是“凡”字，所谓有一颗平凡的心在做事情，你是为理想在做，而不是为钱在做。事业做大了，钱就成为事业成功的副产品，以钱为目的就不行。大家都知道，一般的公司，如果不上市，自己卖给上市公司是什么概念，即按照你当年净利润的若干倍来计算。公司经营良好，在合理的范围之内，你想办法省钱，卖出一个好价钱，这是许可的。但是我认识一个人，实在是要钱心切，在谈判好以后的 9 个月，把无数的成本转移了，结果年终的时候这个公司的净利润就不高。对方一看，非常高兴，花了一大笔钱买走了，再一调查是做手脚了，就起诉了他，封掉这个人的所有财产，准备进行刑事起诉。这个赚钱方法就不好，为什么，就是眼里只有钱，没有事业，没有道德价值，如果有事业，有道德价值，你未来做事情才可以做的长久。大家看中国30年经济发展史，想办法占用国家资源的，基本上都错失了发展的机会，像30、40岁这批人，对事业的追求远远高于对钱的渴望，像百度的李彦宏，阿里巴巴的马云，还有我自己。钱赚多赚少，我当然要考虑，但是我放在第一位的肯定是新东方这个事业，怎么样把它做好，怎么样尽可能给学生提供优质服务才是我考虑最多的问题。现在，这样的人越来越少了。

人品、眼光、气度，这些品性只要没有致命性的缺陷你就能够活下去，就怕你本人犯致命性的错误，那就不行。这不叫平凡，这叫平庸。所谓平凡就是任何东西有得有失，你都能放得下，并且还有勇气继续往前走。但是失恋了以后自杀，这不光是平庸，而且是胆怯，为什么呢？自杀永远是一种逃避行为，他对未来失去了梦想，对未来感到恐惧，觉得未来所有人都不会爱他，这个时候他就会自杀。如果你创业失败以后，一定要重新爬起来继续创业，这说明你认为自己还是有希望的。但是呢，刚才一位老总说人分四种，但是按照君子小人的标准来说，我自己既不是君子也不是小人，我是做事敢为人后，做人也敢为人后的，按照他的定义来说，是可悲的人。所谓的做事敢为人后，我想具体解释一下这个定义，为人民服务的事情，为别人去做，这当然要做事敢为人先，但是，你做事情的时候，不要事事占先机，这就是所谓的做事敢为人后。有的时候，你跟内部的合作者，稍微让一让，把机会让给别人，别人会对你表示更多的尊重。所以我呢，我倒不是说，我自己什么事都不做，这样回过来，就会有一个平凡的心态，不管你遇到多少次的失败，依然能够站起来，继续往前走，最后你获得的是人生的智慧，而不是绝望，做到这一点，就很好很好了。当然现在的创业比我们当时难一点，竞争更加激烈一点，需要更多的资金，但是，只要你有一个合理的目标，有一个合理的梦想，把事情一点一点积累起来，最怕你着急，一着急以后，基础不牢固，就想做高楼，这个钱扔进去了以后，再也出不来。所以在创业的时候，要记得佛教中有一句话叫“急事慢做”，就是越着急的事情，越快的事情，就越要慢点来做，有的时候想不清楚得事情，稍微等一等，可能会比你更加匆忙的去做，要更有效一点。

我有两个优点，第一点我是一个事事慢做的人，我从小学到中学一直成绩不好，我高考考了 3 年，从来没着急过，急也没有用，就只能慢慢来，最后考上了北京大学，算是好的结果。我在大学全班倒数第五名，也没怎么着急，新东方很少有员工看见我有发脾气的时候。很多的时候，你的事情做不下去了，着急，不管用，你唯一的办法就是积攒把自己的壮大的力量。第二点就是有一个能够实现的目标，努力的去做。我曾经和我老婆说我们赚了 10 万块钱就不干了，结果到了 10 万，还想继续做，目标订到了 100 万，100 万到又 300 万……为什么呢，因为钱越多越好，钱也是实现理想的体现。所以我觉得人生并不在于你有多宏伟的理想，而在于你有一种心态，不管做创业还是个人生活，只要每天有进步心态，有收获心态。我觉得就是这点小小的进步让我一直在坚持。

从俞敏洪的演讲中我们可以看到，大多数创业者在决定创业时都只考虑眼前而不考虑未来，结果快乐没得到却得到痛苦。事实上，人世间一切有意义的事若想成功，那就必须忍受一时的痛苦。你必须熬过眼前的恐怖和失败，按照自己的价值观或标准，把目光放在未来。本来任何事都不会使我们痛苦，而真正使我们痛苦的是对于痛苦、失败的恐惧。所以，对于创业心理的调整至关重要。

创业心得

对创业者来说，心理承受能力是必须具备的品格。俗话说“吃得菜根，百事可做”。对创业来说，肉体上的折磨算不得什么，精神上的折磨才是致命的。如果有心自己创业，一定要先在心里问一下自己，面对从肉体到精神上的全面折磨，你有没有那样一种宠辱不惊的“定力”与“精神上被沉重打击”的准备。

俞敏洪告诫创业者：“创业是痛苦的，创业的过程就是一个炼狱的过程，从某种程度上讲，创业者大都是苦命人，但是创业的成功却又是最甜的。奉劝那些开始就幻想和充满了享乐思想的人万万不要走上创业这条路，想走这条路首先要自问：我能承受这些苦难吗？我有忍耐力吗？三思而后再选择。”因此，心理承受能力是决定创业者成败的关键因素。

困境不可怕，在绝望中也能找到希望

我不相信所谓的绝境，人生永远充满希望。

不要害怕失败，失败是常态，成功是偶然。

俞敏洪说，当人遇到困境时，采取何种态度决定了他是否能反败为胜。困境通常不能一下子摆脱，所以采取的第一态度是耐心等待，困境就像开车前后被堵，再着急也没法扛着车出去；其次是要设法淡化困境并从中受益，就像周文王身陷囚牢里却以巨大的激情和顽强的毅力完成《易经》；最后要永存希望，寻找机遇，曼德拉27年监狱生涯却从没放弃过黑人平等的事业终获全胜。俞敏洪是这样说的，也是这样做的。

1978年，俞敏洪第一次参加高考，高考成绩惨不忍睹，英语才得了33分。第二年参加高考依然是名落孙山，不过这次英语得了55分。两次高考失利的俞敏洪并没有灰心放弃，反而是越挫越勇，在第三年高考中成功上演了一出否极泰来的精彩好戏——以英语 95 分的好成绩考入了北京大学西语系，轻易地便颠覆了古今军事至理——“一鼓作气，再而衰，三而竭”。

两次高考落榜，对于许多人来说，这个过程是一种折磨，结果是一种沮丧。至于为什么还会参加第三次高考，俞敏洪总结为这是“性格里还是有一种坚韧性，不会随便放弃”。“我性格中有些坚韧不拔的成分，做事情非要把事情做得相对好。比如我考大学，第一年没考上考第二年，第二年没考上考第三年；出国也是联系了四年，当然最后没有成功。后来做新东方做了十四五年，到现在还在很认真地做。总体来说，性格里还是有一种坚韧性，不会随便放弃。”

在后来的教学中，俞敏洪经常给他的学生讲这个道理，教导他们在学习和生活中要学会坚韧：坚持一百次可能都是失败，坚持到第一百零一次可能就成功了，我们一定要养成一种习惯——死不买账，我不信坚持下去明天还没有结果，慢慢坚持下去，你就会发现你变了，变得有耐心了，变得更加沉着了。

“北大”是什么地方？个个都是人中龙凤，人人都比俞敏洪聪明能干。引用新东方“三驾马车”之一徐小平的经典调侃:“我，北大团委文化部长；王强，北大艺术团团长；俞敏洪？观众，而且是大礼堂某个角落里的站票观众。”俞敏洪总是被同学嘲笑。

因为是英语专业，大多数老师都是全英文授课，俞敏洪在讲台下听老师讲课就如同听天书一样，看着老师的嘴一张一合，发出来的却是自已听不懂的声音。当时的俞敏洪觉得自己被抛入了万丈深渊，眼前发黑，郁闷之情无以言表。

更糟糕的是，英语系是小班授课，被老师点名发言是所有学生都逃不掉的环节。课堂发言对俞敏洪来说，与其说是一场不可逃避的劫难，更不如说是一次次相当沉重的打击。本来问题就没听明白，张口回答问题就更难了。

听着从俞敏洪嘴里蹦出来的断断续续的江阴英语，同学们抿嘴直乐，老师也无奈地直摇头，说了句并无恶意的玩笑话："你除了俞敏洪三个字能让人听懂外，恐怕再没有什么能让人听得懂了。"

人可以平凡，但不可以平庸。听惯了表扬的俞敏洪，听到这些虽不是批评却胜似批评的调侃，差点当场"死机"。俞敏洪不是那种自暴自弃的人，骨子里那种坚韧不拔、永不放弃的韧性在屈辱和压抑中再一次被激发了。既然都是人，为什么别人能听得懂，说得好，而我不能？他开始了"令人发指"的魔鬼训练。

俞敏洪每天除了吃饭睡觉，其余时间都抱着一台小小的收音机钻到北大的小树林里听英语广播。还有一些英语教材的磁带，他也是一遍遍地听，一遍遍地模仿，昏天黑地，不分日夜。用俞敏洪同学的一句话形容，就是"俞敏洪当时听外语听得两眼发直，蓝汪汪的，像饿狼一样。"

渐渐地，俞敏洪发现词汇量不足是导致自己听力能力差的真正"元凶"，于是他又捧起了厚厚的单词书，起早贪黑地狂背单词，常常是一天背十几个小时。付出总有回报，几个月下来，俞敏洪的英语听说能力有了很大进步。从上课听不懂老师讲课到可以听懂七八成，回答问题也从“牛头不对马嘴”到了“八九不离十”。尤其是他积累的词汇量大得惊人，是班里公认的“活字典”。

要始终保持追赶的勇气和精神。人生跑道上的比拼不是一朝一夕，是一辈子。一件事在一个时间段内比不过，但可以拉长时间比，来弥补自己智力的不足。只要我们坚韧不拔地奋斗，只要我们眼睛看向未来，生命就永远属于你，生命的辉煌也一定永远属于你。

从俞敏洪经常讲并在新东方广为流行的“白雪青草”的故事里，我们找到了俞敏洪成为“活字典”的诀窍：我小时候，有一年冬天接近年关时，家乡下了一场不大不小的雪。我家里养着两只羊，准备等过年时卖了换取过年费。为了使羊在卖的时候膘肥体壮，我母亲要我每天到野外割青草回来喂羊。

江南的冬天，路边依然会长出一些耐寒的绿草，稀稀拉拉的东一棵西一棵，不下雪都需要花很长时间才能割满一篮子草，下了一寸厚的雪，草被雪盖住了，要找到绿草就很难。但为了使家里的羊能吃上青草，我还是背上篮子出去割草了。

我用镰刀把雪扒开，绿草就在雪下面露了出来。就这样我一路扒雪，一路割草，一棵一棵的草终于积满了一篮子。白的雪，青的草，给我留下了很深的印象。

背单词也是如此，当初我每天只背几十个单词，因为老是在背，就会比别人背得多，1 天比别人多背 10 个，10 天多背 100 个，100 天多背 1000 个，一年以后就没有人能超过我的词汇量了。

俞敏洪用最简单朴实的话语向我们阐述了坚持的重要意义，让人感到十分亲切温暖。“世界上没有什么东西可以代替坚持不懈。聪明不能，因为世界上失败的聪明人太多了；天赋也不能，因为没有毅力的天赋只不过是空想；教育也不能，因为世界上到处都可以见到受过高等教育的人半途而废。如今，只有决心和坚持不懈才是万能的。”美国作家卡文·库利吉的这句话很好地道出了坚持的重要性。

俞敏洪还认为，能很好地控制自己的情绪也是一个人坚韧的体现。我们每天生活在不同的社会和群体中间，人与人之间打交道要学会控制自己的情绪，即使是夫妻之间也要控制自己的情绪。凡是控制不了自己情绪的人都是做不了大事的，就像张飞和关羽，他们虽然有才华，但是都控制不了自己，最后出事了。而刘邦，大家都没有听说过他生气，所以说如果刘邦没有控制自己的能力，就不会有汉朝400年的历史。所以控制情绪不是老谋深算，也不是狡猾，是自己坚韧的体现。

从俞敏洪身上，我们看到了一种宝贵的品质——坚忍不拔，一种伟大的精神——水不言弃，也读懂了他那句名言：“一个人摔倒了十次，就再也不愿爬起来了，他就永远是失败；但如果一个人摔倒了一万次，第一万零一次他继续站起来往前走，实在站不起来了，爬也爬着往前走，这就叫成功。”

“我当时上学的时候，从来没有得过班里的前十名，但是我当时就有了这样的一个想法，就是我用我的时间长度，来拼你的聪明程度。就是你们干五年干成的，我干十年；你们十年干成的，我干二十年；你们二十年干成的，我干四十年；实在不行，我就保持心情愉快、身体健康，到 80 岁把你们一个个送走以后继续干。”

以上是俞敏洪在大型公益活动“我能创未来——中国青年创业行动”启动仪式上讲的一段话。在俞敏洪看来，坚持下去、永不言弃应该是一个创业者走向成功的必备素质之一。因为创业的道路从来都是艰辛的，如果创业者不具备恒心毅力，没有“不到长城非好汉，不到黄河心不死”的信念，一遇挫折就垂头丧气，“三天打鱼，两天晒网”，那么，他在创业的道路上是走不远的。正如宋代大文豪苏轼所说：“古之成大事者，不唯有超世之才，亦必有坚忍不拔之志。”

创业者是没有退路的，最大的失败就是放弃。新东方这座大厦的建立，就是俞敏洪坚忍不拔、一点一滴累积的过程。“我比较有耐力，有目标，认定了就坚持去做，并且愿意没有时间限制地去做。”正是靠着这一品性，俞敏洪成功跨越了新东方在发展过程中碰到的各种挫折。

早在 1993 年 11 月俞敏洪决定成立新东方学校的时候，他就以自己的实际行动对“坚忍不拔，永不言弃”这一理念进行了淋漓尽致的诠释。为了获得办学执照，俞敏洪愣是跟海淀教育局软缠硬磨了半年时间。

因为当时教育部门有规定：申请开办私立学校的申请人必须有副教授以上职称，而且持有原工作单位的同意信。显然，俞敏洪两个条件都不符合：他当时只是讲师职称，要北大同意他开办学校更是不可能。

但俞敏洪没有气馁，为了获得执照，他每星期都会去海淀区的成人教育办公室，拿包烟坐在那里和那的工作人员抽烟聊天，拉关系，真正做到了“坚持”的最高境界。曾有人在网上写过关于“坚持的三层次理论”：首先是勉励自己要执著，其次是硬撑着，最后是实在不行就耗在那儿也行。

其实放弃是很容易的，难的是坚持下去。坚持还是放弃，这一念之差的结果却是成功与失败的区别。阿里巴巴总裁马云的那句话不可谓不是真理："有时候死扛下去总是会有机会的。"在俞敏洪长达6个月的"死缠烂打"下，教育局的人考虑再三，说看你这个人好像不会作出坏事来，就给了他一张有效期为半年的试营业办学执照。如果半年之后不合格，有学生告状，执照立即收回。

但拿到办学执照只是新东方成立的第一步，和很多白手起家的创业者一样，资金有限、社会经验缺乏的俞敏洪面对没有生源和老师的困境，以及无力应付社交往来的窘境，感到非常痛苦，非常无助。想想同学朋友都去了国外，而自己却窝在国内干着一个前途渺茫的事业。

他真正地感到自己是歌里唱的那样"一无所有"，没有人能帮他，就连老婆都不时地骂他"窝囊废"。活着还是死去？挺着还是倒下？干下去还是歇菜？就是在这样的绝境里，俞敏洪还是选择了坚持。

曾经为了避免同行的恶性竞争，俞敏洪拉下脸硬着头皮请警察吃饭。不会拍马屁，只能频频劝酒，喝着喝着，就钻到桌子底下去了，如一堆瘫泥，不醒人世，送到医院抢救了两个多小时才活过来。这些艰辛后来酝酿出了新东方著名的校训——"从绝望中寻找希望"，唯有这样，才能做到自始至终的坚忍不拔，最终到达成功的彼岸。

创业心得

不要害怕失败，失败是常态，成功是偶然。失败只不过是一片灰蒙的纸，我们要去捅破它，因为它的背后是一片碧海蓝天。当我们遇到困难时，我们落入泥土而不化为泥土，而是开出一朵芬芳的花。种子在灰烬中成长起来，若干年后，又是怎样的一片郁郁葱葱！生命不息，不畏失败。种子能长成森林，苦难的背后定有更大的成功在等待。生命是一棵树，给人以绿色，生带来的是美丽的风景，死留下的是精神和思想。

生活中其实没有绝境，绝境在于你自己的心没有打开。把自己的心封闭起来，使它陷于一片黑暗，你的生活怎么可能有光明！封闭有窗户的房间，你会处在永恒的黑暗中。但实际上四周只是一层纸，一捅就破，外面则是一片光辉灿烂的天空。

失败固然可惜，但它可以磨炼我们的意志

以平和的心态面对失败和考验，我们才能成熟和有所收获。而那些失败和挫折，都将成为生命中的“无价之宝”。

没有积极的心态，拿什么面对创业时的风风雨雨？消极除了让你像鸵鸟一样一味地逃避，又能帮你解决什么问题？

创业初期，许多创业者都充满了饱满的热情。他们渴望通过自己正在从事的事业赢得荣誉、金钱和更好的生活，他们对自己、对未来充满着信心，他们有无尽的精力投入到工作当中。这个时候的他们，无疑是非常积极的。

但是，随着时间的流逝，有些创业者的情绪开始慢慢低落下来，原

因多种多样——每天工作十几个小时，得到的效益也许还不如当初给人打工的时候多，各方面的事情都要自己出面处理，公司未来的发展还不知道怎么样……种种原因，让创业者开始变得消极。

这种消极情绪来得真不是时候，在创业进行到一定阶段的时候，其实比刚开始创业的时候更需要创业者打起精神来去面对困局，行百里者半九十，稍有不慎就可能前功尽弃，所以，消极心理绝不能有。

俞敏洪在《我生命中的两次重大失败》这篇博文中这样写道：一个人成长的过程，是一个不断在失败中寻找与把握机会的过程，没有失败就无所谓成功，没有遭遇过挫折和失败的人生是不丰富的人生，就像白开水，纯净却没有味道。一个人是否活得丰富，不能看他的年龄，而要看他生命的过程是否多彩，还要看他在体验生命的过程中能否把握住机会。

机会通常是带有伪装的，它们穿着可怕的外衣来到你的身边，大多数人会避之不及，但那些具备独特素质的人却能看到其本质并抓住它们，这些素质中最重要的就是承受失败的能力和勇气。我在自己的生命历程中遭遇了很多次失败，但也正是这些失败及其背后隐藏的机会最后成就了我。最终，我懂得了一个道理，就是藏在失败背后的机会也许是最好的机会，这也使我进一步增加了坚强面对失败的勇气。到后来，坦然面对挫折和失败便成了我的一种常态，在失败面前，我会不断激发自己的斗志，就像高尔基在《海燕》中所说的那样：让暴风雨（失败）来得更猛烈些吧！

下面我来讲讲对我生命有转折意义的两次失败。

第一次是我的高考。我在一篇文章中讲过我高考的故事，那时并没有远大的志向，作为一个农民的孩子，离开农村到城市生活就是我的梦想，而高考在当时是离开农村的唯一出路。但是由于知识基础薄弱等原因，我第一次高考失败得很惨，英语才得了33分；第二年我又考了一次，英语得了55分，依然是名落孙山；我坚持考了三次，最终考进了北大。这里我想说明的是两点：第一点是坚持的重要性，因为无视失败的坚持是成功的基础；第二点就是能力和目标成正比，能力增加了，人生目标自然就提高了。我一开始并没有想考北大，师范大专是我的最高目标，但高考分数上去了，自然就进了北大。这算是我第一次体会到失败和成功交织的滋味。

我的另一次刻骨铭心的失败是我留学梦的破灭。20世纪80年代末，中国出现了留学热潮，我的很多同学和朋友都相继出国，我在家庭和社会的压力下也开始动心。1988年我托福考了高分，但就在我全力以赴为出国而奋斗时，动荡的1989年导致美国对中国紧缩留学政策。以后的两年，中国赴美留学人数大减，再加上我在北大学习成绩并不算优秀，赴美留学的梦想在努力了三年半后付诸东流，一起逝去的还有我所有的积蓄。为了谋生，我到北大外面去兼课教书，因触犯北大的规章制度而被记过处分。

为了挽救颜面我不得不离开北大，生命和前途似乎都到了暗无天日的地步，但正是这些折磨使我找到了新的机会。尽管留学失败，我却对出国考试和出国流程了如指掌；尽管没有面子在北大呆下去，我反而因此对培训行业越来越熟悉。正是这些，帮助我抓住了个人生命中最大的一次机会：创办了北京新东方学校。

一个人可以从生命的磨难和失败中成长，正像腐朽的土壤中可以生长出鲜活的植物。土壤也许腐朽，但它可以为植物提供营养；失败固然可惜，但它可以磨炼我们的智慧和勇气，进而创造更多的机会。只有当我们能够以平和的心态面对失败和考验，我们才能成熟、收获。而那些失败和挫折，都将成为生命中的无价之宝，值得我们在记忆深处永远收藏。

从俞敏洪的博文中我们可以看出，正是因为磨难与失败，才让俞敏洪抓住了机会，得以成长。这其中成功的关键就在于俞敏洪的积极心态，面对困难的态度。

在创业过程中，大家随时都会碰到困难和挫折，甚至还会遭遇致命的打击。有的人因为打击而跌倒，有的人以这次打击为激励。成功与失败关键在于你的信念，信念的积极与消极直接影响创业者的成败。

美国潜能成功学家罗宾说："面对人生逆境或困境时所持的信念，远比任何事都来得重要。"这是因为，积极的信念和消极的信念直接影响创业者的成败。

美国成功学学者拿破仑·希尔关于心态的意义说过这样一段话："人与人之间只有很小的差异，但是这种很小的差异却造成了巨大的差异！很小的差异就是所具备的心态是积极的还是消极的，巨大的差异就是成功和失败。"

还有些创业者，在创业路上仅仅是遇到了一点点小挫折，就经受不住打击，认为自己的能力不够、财力不强、关系不硬，简直一无是处，到最后产生了极端的消极心理，使本来有着很好发展前景的企业因为信心不足而败得一塌糊涂。

有些人说，为什么其他人创业的故事就一帆风顺，而我就充满坎坷呢？其实，没有哪个人创业是一帆风顺的，只不过是成功者喜欢讲些成功的故事罢了，他们的挫折和失败不是没有，也许只是你没有听到过而已。所以，不必因为眼前小小的挫折就失去信心，这不过是创业道路上的必由之路而已。当你感觉到消极的时候，请拾回你的信心。

信心是制胜的法宝。可有些人在创业时，总是觉得自信心不足，相反，更多的是怀疑自己是否有驾驭项目与风险的能力。在消极心态的作用下，机遇与幸运常常擦肩而过。一位从事直销行业的陈先生告诉我们，因为“传销”的关系，我国的直销市场一直不温不火，“门可罗雀”。可自己对所代理的品牌进行充分考证后，认为合情、合法、合理，在反对大于赞成的亲友团中，还是拿出“不入虎穴，焉得虎子”的勇气干了起来。两年的风吹雨打，自己也从一家直销店发展到五家，年收入均在百万以上。他说，在我国现有的直销状况下，不可能有百分之百成功的把握。只是自己比别人大胆一点罢了，敢于尝试去做，就真成功了。避免消极找回信心，可以按照下面几个方面去做：

1. 永葆进取心

拥有进取心，你才能成为杰出人物。进取心是成功的关键要素，要有任劳任怨的创业精神。

2. 合理安排时间和金钱

浪费时间，就是浪费金钱。效率就是生命，要把精力集中在那些回报率大的事情上，别把时间花费在对成功无益的事情上。

3. 保持身心健康

一切成就、一切财富都始于健康的身心。要克服异常心理和变态心理及人格障碍中的孤僻、易怒、固执、轻率、自卑、忧虑、嫉妒等，以及其他在人们的日常生活中随处可见的不健康心理。

创业者还要树立“失败是正常的，颓废是可耻的”思想。失败乃成功之母，要从挫折中吸取教训。成功是持续的奋斗历程，要敢于屡败屡战，要摒弃消极思想，全力以赴，不消极等待，在吸取教训中改善求进。“成功是经过多次错误甚至大错之后才得到的”，用毅力克服阻碍，做自己的对手，战胜自己。

创业心得

对于失败，俞敏洪表示，创业创一次失败了就不再创了，那是远远不够的。“任何时候勇敢地追求，你不会有多大的损失，不追求损失就大了。你创业本来就是一无所有，就算你创业失败一百次，你不还是一无所有么?”俞敏洪建议创业者做事情都要有一个心理预期，预料到可能的最惨结局，进行思考评估，把这个最惨的结局想清楚了，就算真的到了那个结局，也就不会害怕了。“你创业的最根本的打算就是‘我做不成，我赔得起’，这是一个前提。不能像炒股票一样，借了钱做到赔不起的程度。凭你能得到的财力、投入的精力、你承受失败的能力，你估量一下，觉得全丢光了你还可以从头开始，这时你就开始创业。”为此，建议创业者不断转变自己的思想观念和提升精神境界，以适应创业的需要。

1. 远大理想兴奋源泉

每一个成功的创业者都是一个绝对的梦想家。比尔·盖茨在创业之初的梦想就是让每个家庭都能用上互联网；飞机的发明源于福特兄弟“人类也能在天空中像鸟一样飞翔”的梦想……历史上每一个伟大的企业都是起源于创业者的一个伟大的梦想。如果你想创业，就一定要先给自己确定一个具有强烈吸引力的大梦想、大目标，这个梦想一定要能让你兴奋。

2. 坚强意志成功保障

坚强的意志包括了坚持、专注以及克制诱惑的能力。很多实例证明，创业者不断坚持的精神能够解决任何问题。在管理学中有这样一句名言：“创业途中如果有今天、明天、后天，大多数人往往都死在了明天晚上，而后天，太阳才会出来。”这是一种不幸和悲哀，因此，只要创业者坚持的方向是符合历史发展规律的，是对人们有益的方向，坚持下去就一定会有不错的结果。拥有坚强的意志，是创业成功的有力保障。

3. 积极心态发现机会

积极的心态是创业成功者必须具备的精神品质。毫无疑问，创业是一个机遇和挑战并存的过程，只有拥有积极的思维模式和人生态度，才能从事物的两面中取正弃负，发现更多机会。

4. 敢为气魄必备品质

虽然创业的过程对于很多人来说是一个充满激情与喜悦的过程，

但也同样是一个充满风险、艰辛与坎坷的过程，从风险的角度来说，创业的过程实际就是一个不断挑战风险的过程，是一个风险与收益博弈的过程。真正的创业者不是要万无一失地去做事情，而是要去尽量规避风险获得高回报。所以，拥有敢为的气魄，是创业者必须具备的精神品质。

5. 诚信态度精神基石

诚信是创业者精神的基石，也是创业者的立身之本。在创业者修炼领导艺术的所有原则中，诚信是绝对不能妥协的原则。市场经济是法治经济，更是信用经济、诚信经济。没有诚信的商业社会，将充满极大的道德风险，显著抬高交易成本，造成社会资源的巨大浪费。

6. 善于合作精华所在

小富靠个人，大富靠团队，合作是创业者精神的精华。正如艾伯特·赫希曼所言：创业者在重大决策中实行集体行为而非个人行为。尽管伟大的创业者表面上常常是一个人的表演，但真正的创业者其实是擅长合作的，而且这种合作精神需要扩展到企业的每个员工。

7. 承担责任甘于奉献

伟大的创业者不只是完全为了实现个人的财富梦想而创业的，而是为了帮助普通人实现自己的梦想的责任而努力的人，创业精神中也包括创业者必须承担社会责任并且拥有一种甘于奉献的精神。一个人所做的事业，应该把实现社会价值和赚取阳光财富结合起来，成功的创业者应该是一个有社会责任感的人。

8. 超强适应精神力量

成功的创业者一定要有超强的适应性，不但能够适应艰苦的生活，也同样要能够适应成功与富足，特别是在很多暂时取得阶段性成功的时候，一定不能被胜利冲昏头脑，只有迅速适应新的环境，将自己及企业的状态调整到符合新情况的状态，才能使企业一直走正确的道路，这也是一个成功创业者必须具备的精神力量。

伟大是熬出来的，成功创业源于坚持不懈的努力

坚持是创业者的希望，在漆黑如墨的风雨之夜，坚持明天的太阳；在滴水如冰的严冬，坚持春天的渴望。

创业者在创业路上会遇到各种各样的难题和困境，许多时候，这些坎坷会将创业者逼入绝境。项目有崩盘的可能，资金有断流的危险，人才有流失的征兆……如何面对这些坎坷？除了合理的应对方法之外，最重要的就是要有坚持不懈的劲头。

很多创业者在创业遇到瓶颈的时候，会产生退缩心理。在面临困境和难题的时候，创业者如果没有足够的经验去化解，就容易陷入迷茫和无助，退缩心理也因此产生。创业者想要成功本来必须要有“一往无前”

的精神才可以，但是退缩心理一旦产生，这种精神就马上烟消云散了。这时候创业者想的是如何给自己留条后路，如何全身而退，有了这种想法，创业再想成功那绝对是难上加难。

事实上，在创业路上，困难无处不在，如果仅仅因为眼前的这些困境就萌生退意的话，那任何人都别想创业成功。纵观商业史，那些成功者在他们创业的时候都曾经遇到过貌似无法解决的困难，但是他们在困境面前都能够抛开杂念，一心坚持，这是他们成功的法宝。

传奇创业者马云曾经在某大学演讲时说："其实创业最大的一个核心就是你必须要坚持不懈。如果你每天都在坚持不懈地做一件事情，那么，我相信终有一天这个世界就围着你转，如果你每天都在做不同的事情，你就会每天围着这个世界转。这就是创业的核心精髓。"

有人说，成功与失败取决于意志的较量。这句话在创业上同样适用，创业的成功，离不开与自己内心退缩心理的较量。战胜了退缩心理，坚持了下来，一切皆有可能；被退缩心理打败了，没能坚持到最后，所有的可能都归零。

创业一定要在选定的行业里坚持发展下去，不为困难和失败所动；坚持花长时间去准备想要做的事，不因心急而妄为。创业距成功距离并不远，关键时候就那么几步，坚持下来了就会成功，反之则前功尽弃。"如果不是我几次咬牙坚持，我的企业不可能做这么大，更不可能走过来。"圣奥集团的老总倪良正体会很深。因为当时跟他同时创业的公司有五六家，都没坚持到现在，只有他走过来了。

7年前，在上海家具加工厂打工的倪良正是一个很老实的人，从没想过自己日后能做大老板，能有个小作坊就满足了。所以，打工攒了几千块钱后就回到了自己的家乡，在公路边花500~600元租金租了100平方米的农民房作为车间，以2000元起家，开始筹备家具加工厂。最初就是修修家具，或者帮人家加工家具。就这样，前两年的收入除了能维持工厂运转外，还赚了几千元。

当时，他觉得自己没有其他的路可走，只有走自己创业这条路。因为家在农村山区，可耕地少，每个人不到一亩地，显然呆在家里种地根本没有效益，即使种一年也没有多少收成，到年底最多只能收入几百元。在外面帮别人打工，包工头每年都会找各种借口拖欠工资，能少给就少给。而自己开加工厂，如果中途做不下去倒下了，依旧是没有出路，所以还不如咬牙坚持下去把它做好，虽然有人说他这种坚持是“倔”。

自己做就是很累，每天只能睡四五个小时觉，一天24小时几乎都在工厂里过。当时有人劝他：与其自己这么做不怎么赚钱，还不如回上海再给以前的老板打工划得来。但倪良正是那种只要做就想办法要坚持下去的人，不作出眉目来不肯停止。

就这样，一个小作坊在他的坚持下慢慢发展起来了。1999年年底，随着业务量不断增多，他注册了“牡丹家私厂”，建了一个面积为5999平米的厂房，而与他们同时创业的很多工厂却纷纷倒闭，于是，他成了那一带家具制造的老大。1995年前后，工厂的效益比较好，市场也不错，到了上世纪90年代后期，他们做的家具开始供不应求。

后来，为了进一步发展，也为了将企业形象更好地展示给客户，在资金极度紧张的情况下，倪良正还硬撑着要投入5000多万元建面积五六万平方米的厂房和办公楼。没想到，他这一决定却再次遭到了大家的反对：不能建！大家的感觉是，一来不可能会有那么多生意，二来企业也没那么多钱。如果建了那么大，又不会来那么多生意怎么办？所以，要建大厂房只是倪一个人在坚持，其他人都认为新厂房没造好企业可能就倒闭了。

那个时候，倪良正的心里确实也没有太大的底，觉得没那么多钱，但是，当时他是出于两方面的考虑：第一、租好还是自己建好？租不用改造，不用压资金，但不能按自己生产的要求去改造，也不利于生产流程的执行。而且，办公家具比较笨重，这里租两天那里租两天不但搬运起来很不方便，而且管理和营运的成本也很高。与其这样，租不如造。第二，无论企业经营怎么样，土地不会贬值，如果做不下去土地还可以至少是原价卖给别人，自己也不亏。从这两个角度一考虑，他下定决心建厂房。

谁知道，就当他按照自己的意愿决定建新厂房的时候，公司不到300多名员工中，包括高层管理人员在内共辞职了1/3！大家之所以选择离开原因很简单，怕老板在新厂房没建起来的时候连自己工资都发不出了，所以，干脆趁企业还有钱的时候拿了工资“走为上策”。

其实他自己清楚，这一步是很勉强的。但是已经走到这一步了，如果不坚持一下，或许不会有大的飞跃，只能停留在现状，等着别人来把自己挤趴下。幸运的是，当时倪良正既想了些解决办法，碰巧运气又很好，筹到了资金，又得到了银行的贷款，大楼总算能建成了。

建好后的企业办公楼十分气派，外贸生意也多了起来，就连加盟商来企业参观后也被圣奥的规模惊得眼前一亮。在吸引加盟商等一系列动作后，企业迅速在同行业中稳居老大的位置。

倪良正说，当初的坚持是正确的，如果不坚持，现在有可能还在人家的工厂里帮人家做木工，打着一辈子的工。

同样，深圳的李伟权体会也是：“一路走来，有两个字一直贯穿在我的创业路上，那就是——坚持。”

下岗之初，正当李伟权为选择创业项目苦恼不已时，碰巧，途经一家饼屋，他发现饼屋里货品琳琅满目，且看起来味道鲜美，随即产生了投资面包行业的念头。灵感一来，便一发不可收拾。接着李伟权就马不停蹄地对全市的面包行业进行了全面的市场调查。当年，李伟权即在罗湖区择址开办了第一家店。

饼店一开张就生意红火，这使李伟权信心大增，在不到两个月的时间里迅速在附近开了第二家店，经营情况也还算理想。然而，天有不测风云，就在生意慢慢走上正轨，李伟权初尝创业成功的快乐的时候，2003 年春夏之交的“非典”使两个店的生意一落千丈，最后到了难以为继的地步，只好双双关门。

初次创业失败后，李伟权总结失败的根本原因就是：开店速度过快，后备资金不足。“这是我最初经商的第一个教训，也是我积累的第一笔财富。但我始终坚信，面包行业是个朝阳行业，大有发展潜力。”李伟权说。半年后，李伟权筹措资金在福田区再次开了一家饼店，开业之初，生意并不理想，李伟权想尽办法在服务质量上下功夫。在服务态度上，李伟权要求服务员把顾客当朋友，少一些公式化的微笑和用语，多一点嘘寒问暖，拉近与顾客的距离。在服务质量上，李伟权要求服务员谨小慎微，周到细致，想顾客所想，急顾客所急。还要尽可能掌握每位顾客的喜好和消费习惯，有的放矢地准备每天的品种和数量，减少货品滞销造成的损失。对食品安全问题，李伟权视之为服务工作的重中之重，坚决杜绝过期变质货品出门。通过努力，生意好转起来。两年之后，李伟权又开了一家分店。

“创业一定要在选定的行业里坚持发展下去，不为困难和失败所动；坚持花长时间去准备想要做的事，不因心急而妄为；坚持用心重复去做细微的事情，不因事小而不为。”李伟权说。

有时候，创业中的坚持很苦很涩，离失败往往仅一墙之隔，坚持和不坚持，导致的会是两种后果，很多人都做不到坚持这一点。能在不赚钱的情况下坚持，那可真算得上是“寂寞高手”了。

现在已经做到中国民营调查行业老大的零点集团老板袁岳，表面很风光，但谁曾想到，他曾经历了5年不赚钱的日子，如果不是靠他执著的信念和耐心，恐怕今天还不知道在哪里。

袁岳开始创业的时候，选定的行业在当时的中国是不合时宜的。谁都搞不明白，调查公司到底是个什么东西，甚至有些老人认为他们是白天睡觉，晚上偷偷出去抓人。他的父母也无法理解他的举动，母亲曾经问过他：“你的公司到底是干嘛的？你下海我不反对，哪怕你做倒腾衣服的买卖都很好，至少我可以看到，早上进了多少，晚上卖了多少，中间加减就知道你赚了多少，这是安身立命的根本，可是你现在做的什么谁也不明白！”很多人认为他脑子有问题，放弃了“铁饭碗”，而去搞个体户。只有袁岳自己明白，这一直是他的爱好，一种将信息变成商品的爱好。

创业之初的5年，公司基本上没有赢利，很大一部分原因在于公司做了许多看起来不赚钱的研究，如中国私营经济状况调查、全国投资环境评估调查等。比如公司成立时接的第一个项目是做中国最大的私营企业调查，做这个项目时，他们只有几个人和很少的一点资金，当时在决定做不做这个项目时，大家看法也不同。在做这个项目的过程中，厦门荣滨集团吴国荣非常赞赏袁岳所做的工作，他说："现在大家都是天天忙着搞钱，而你们却在做这种看起来不赚钱的事，还是与我们有关的，我义不容辞地要支持你们！"并当即为这个项目支持了32.5万元，这样的支持发生过三四次。虽然在创业前5年，袁岳几乎没挣什么钱，但也从没缺过钱，总是在适当的时候得到支持。这些调查后来都在社会上产生了较大影响，同时也为公司积累了足够的声望。到了1997年之后，公司发展进入了快车道，成为拥有自有客户和自有研究技术的公司，而且那时100%的客户都是主动找上门的。

1999年之后，公司发展走向成熟期，袁岳开始起用一些年纪更轻的人担当总裁职务，自己脱产去哈佛学习。时至今日，他的地位已经不能同日而语。

"坚持中要耐得住寂寞"，这是号称中国"第一猎头"纪云的话，也是他的一贯做法。1991年，纪云偶然看到一篇介绍国外猎头公司的文章，虽然很短，却让他记住了"猎头"这个名词。但是，这究竟是个什么性质、用来做什么的职业，纪云不太了解。不过，不久后纪云还是开办了属于他的"猎头"公司。第一间办公室是租来的，一间平房里边两张旧的铁皮桌子是朋友送的。第一笔生意是帮一家娱乐城找一位财务主管，花了 3 个月时间，只赚了 300 元。第一年的全部收入也只有几千元。

现在，纪云的“泰来”猎头咨询事务所已经由最初 2 个人，壮大到了 14 个人，“猎取”人才超过了 500 人，而人才库里还攒着 3 万多人才。在这 10 年里面，北京城里冒出来的猎头公司非常多，但是常常是冒出来得快，消失得也快。让纪云坚信不疑的是，猎头公司肯定有前景。

但是真要干出点儿名堂不仅要坚持，还必须耐得住寂寞。

创业艰辛难免，正因为有风雨，彩虹看上去才会异样美丽。“创业是检验一个人的心理承受力，扛不住压力的肯定会失败，心理承受力强的就会坚持下去并成功。”这是中欧 EMEA 班的老板们常挂在嘴边的一句话。

那些老板们在创业初期，大都筹集了一笔可供自己坚持下去的资金，以防在没赚到钱的时候破产，数目大概有 100 万元。其实，这也是给自己的梦一个坚持下去的理由：只能前进不能后退。1984 年，大学毕业的游建平被安排到江西电子计算机厂上班。1991 年，游建平凭着对 IT 产业发展趋势敏锐的洞察力，放弃了安逸、舒适的工作，拉上两个志同道合的朋友凑了 1 万元，创立了“思创”公司。十几年来，他凭着永不言败的创业精神，坚持走自主创新、自主发展的道路，在软件开发、信息系统集成等领域取得了突出成就，将思创集团打造成了一个年销售总收入超 8 亿元的“IT 王国”，成为江西省领先，华东、华中区域最具竞争力和影响力的高科技股份制企业之一。

创业之初，计算机对于大多数人来说还很神秘，没有人愿意去理睬他们所说的新技术。之后，初期创业的 3 个伙伴又相继离他而去。但游建平没有放弃，他坚信 IT 服务的价值，坚信自己的真诚最终会赢得客户。为此，他到处开展免费咨询，帮助客户了解 IT，学习 IT 知识。终于，一次次坚持不懈的努力，赢来了一点一点的回报：客户开始了解“思创”，信任“思创”，“思创”的业务量开始上升。1995 年到 1996 年，游建平和他的“思创”还处于发展阶段。当时，某重点工程单位要安装软件，来自全国数十家企业都觊觎这块“蛋糕”，他们纷纷开出了各种优厚的条件。但游建平不这样做，他和他的同事埋头苦干，几天几夜没有休息，拿出了一个几乎完美的方案，最后在竞争中赢得了所有人艳羡的目光。

在此后的日子里，“思创”用自己扎实的工作使企业成为了政府、公安和教育等多个重点行业的技术支持商和设备供应商，并致力于为全省的电子政务和电子商务服务，先后承担并完成了江西省财政信息网、江西省国税信息网、江西省机要信息网、南昌市人口信息系统等金财、金税重点项目、江西省政府新办公大楼弱电系统集成项目和省交警机动车辆管理系统项目。“思创”在市场上声誉鹊起。2001 年和 2002 年被业界称为“IT 的冬天”，“思创”的业务依然以 30%的速度递增，成为业界炙手可热的话题。

创业确实不是一件很容易的事，不是有了一个好点子、一个好项目就能成功的，初次创业搞不好会颗粒无收。所以，一个创业者首要的应考虑生存能力，要考虑这个项目你有多大能力能让它走多远？心里要有一定的准备。

在远程教育领域工作了多年的张弈龙也是一个满怀激情的创业者，

从事了网络教育很多年，对网络教育行业和市场有着太多的切肤体验。网络能改变人类的生活方式，其中最深刻的就是人们的受教育方式，各行各业的人都能凭借网络的威力最高效率地获得信息、技能和知识。但网络又是一个汪洋大海，网络教育产品同样存在优劣和竞争。他明白，那些同时懂得网络科技利器和先进教育理念的公司才能在市场上争得一席之地，网络技术、教育理念、公司机制三方面考验着每一个网络教育机构的发展潜力。通过这个考评标准，他感觉新东方在线是国内表现比较好的，所以，新东方在线的产品就自然成为他创业之初选择的那个业务起点，希望这个起点能把自己带上更高。

在选定了可以让自己实现梦想的产品后，他就开始了筹备。因为有了稳定平台的依托，开始进展的比较顺利。他每天奔波于北京市各城区，直接把在线课程送到用户手中，为他们调试电脑、安装课程、说明在线学习方法和窍门，做到了远程 e 课程零距离服务，为后期建设和领导服务团队积累了宝贵经验，更重要的是，让他深刻地感受到了青少年教育服务市场的潜在空间。有一件事他印象很深：有一天晚上，他前往宣武区给一位女士的孩子送课程，晚上 8 点多才到，母子俩客气地招呼之后，他迅速地在 10 分钟内安装好课程，并给那个上初中的小男孩讲解如何在网上学习英语。本来就可以结束工作，回去赶紧填饱早已饥肠辘辘的肚子了，可那位望子成龙心切的母亲一再替害羞的儿子提出各种学习英语的问题，一聊就是一个多小时。想着他们满意的表情，坐在回家的末班车上，张奕龙觉得手里的汉堡比以往任何一次都好吃。两个月后的一天，那位母亲打来电话感谢——她的孩子英语创纪录地考了 80 分。他体验到了成功带给他的满足感，这不是仅仅依靠卖产品就能实现的。

接下来，他决定依托这个产品，建设一支高效优质的服务团队。考虑到管理成本和服务品质的控制，销售服务队伍以在校大学生为主，经过几轮的业务和心理培训，分布在北京市城八区的优秀大学生“骏子辅导员团队”为远程学员提供送课上门服务。现在，这位儒商味很浓的创业者说，已经实现了自己创业初期的目标，下一步正往自己的理想迈进，相信不会太远了。

做任何事情都贵在坚持，没有毅力和恒心是不可能实现自己的目标的，想要梦想成真，最重要的就是要有一颗永不气馁、勇往直前的心。成功是每天进步一点点，成功是按部就班去完成任务。从这个意义上说，看一个人，不是在他辉煌耀眼、春风得意之时，而是看他身处逆境时是怎样艰难跋涉的。执著是人类的一种美德，任何天赋、才华、优势都无法代替。“不积畦步，无以致千里；不积细流，无以成江海。”

李丽那年下岗了，丈夫有病，孩子上学需要钱，家里的担子就落在了她一个人的身上。没有办法，她只好去摆地摊。

摆地摊的收入很有限，仅仅能让一家人混个温饱，李丽觉得自己应该创业了。

后来她决定办一家幼儿园，但这谈何容易，对资金不足、又没有经验的李丽而言，这简直就是一个不可能完成的任务。但是李丽还是顶着重重压力上了，借钱、跑手续、租场地。手续下来了就开始干，因资金不足，她基本上事必躬亲，就连刷家具、刷墙漆都要自己动手。

东借西挪，凑了 3 万元，历时几个月，李丽终于把两层楼房的幼儿园盖了起来。没想到，开园初期只有 8 个孩子，每天的支出和收入基本持平，有时还亏本经营。

这个时候，李丽开始失去了信心，她甚至想退缩了。看着偌大的校园里只有少得可怜的几个孩子，李丽当时觉得自己难以再坚持下去了。

但是前思后想，李丽觉得自己花了这么大的工夫做起来了，如果只因为开局的不顺利就退出的话也太冤了，她决定坚持下去。

等到第二年，她的幼儿园里多了 57 个孩子，而且一个月比一个月多，一年比一年好。后来，孩子多了，原来的地方已经容纳不了那么多学生了，李丽又去租了房。2004 年的时候，李丽贷款买了一套 1000 多平米的大房子，把自己的事业进一步做大了。

案例中的这个李丽，在困难重重的情况下办起了自己的幼儿园，又在困难重重的情况下把这份事业坚持了下去，最后她终于收获到了成功的果实。所以说，创业贵在坚持。

有一个小和尚，他来到一座很大的寺庙，想跟一位非常有名的大师学些真本事。大师问他："你想学什么？"他抬头看看天空，发现飞翔是一件很自由和惬意的事情，就说："我要学习飞翔。"于是大师准备教他轻功；眨眼间，他看见湖里有许多鸭子在游泳，又说："我想学水下功夫。"刚摆好架势，他又觉得做个大力士似乎更好，可以打败很多人……可想而知，到了最后他还是一无所长。这个故事提醒我们创业者，在创业初期所拥有的资金、经验以及专业特长等都十分少，这个时候最重要的不是多元发展，而是想清楚自己最擅长什么，纵使遇到挫折，也要静下心来，总结自己究竟哪些做得不对，如何改正。匆忙放弃，或者看到别的行业发展良好就好高骛远，最后只能像文中的小和尚一样，两手空空。

很多人在创业初期容易犯一个错误，那就是不能坚持自己的创业构想。本来想开一家餐馆，开到一半，看见别人做投资挣了钱，马上自己就跃跃欲试地想去投资，这样三心二意的创业态度难以获得成功。刚刚开始创业的时候，创业者的创业资本十分有限，根本不能支持你多点开销，你必须先在一条道路上坚持作出成绩之后才能考虑其他事业，如果不能坚持自己的创业构想，狗熊掰棒子一样地去创业，最后难免会两手空空。

黄晓辉从1983年开始弄小作坊做豆腐干起，25年间他先后从事了多达20种行业，但直到现在，双鬓已经斑白的他还是一无所成。

1983年，黄晓辉开了个小作坊做豆腐干，虽然生意好，但后来迫于父亲的压力，关门大吉。到了1993年，被生活条件所逼，他便利用周末的时间做点小生意，提着袜子满街卖。

有一次，进货的时候黄晓辉发现丰都的一个商人要1000条毛巾，于是他也要了800条毛巾，然后直接坐船到长寿。进价0.6元一条的毛巾卖2元一条，一笔生意赚了上千元。黄晓辉当时的工资每月不到100元，按理说，他应该从此发家，但就在几个月后的春节，他浑身上下却仅剩余了0.2元钱。原来，回来后，他把赚的钱给儿子做了套西装，给母亲买了件200多元的衣服，然后喊朋友大吃了几顿，就没有钱了。

怀揣0.2元的他在春节的街上乱走，突然看见电线杆上的广告，说成渝高速路刚开通，征集民营资本参与运营。胆大的他说服一个朋友抵押了自己的房屋去借钱购买了一辆汽车，并获取运营执照，跑起成渝两地的客运。过了一年时间，线路整治，单车不能上路，必须挂靠集团。最后通过争取，改成了重庆到都江堰的客运，并且可以随地停靠。他感觉到这里面政策风险太大，于是连车带牌照一起出售，净赚了 4 万元。

这次赚了钱，当时他就想，再做点什么事情呢？他在一个朋友家吃到了越南带来的绿豆糕，“当时觉得味道不错，就约了几个人，一起去越南进货了”。他说，最开始心里没有底，进的货少，谁知道回来后市场反应非常好，于是就大规模进货，从 1995 年前后到 2003 年，绿豆糕生意一直不错，“重庆就我一个人做越南绿豆糕的贸易”。

天有不测风云，2003 年的“非典”让他赔惨了。“当时没有想到会发生这样的事情，年前把大部分家当拿去订货了，结果火车在回来的路上被消毒水消毒了，味道全变了，只有扔掉。”他说，这件事情自己也不知道找谁算损失，只有吃哑巴亏。

黄晓辉在创业的这些年中是没有遇到好机会吗？不是，他的失败完全是因为没有坚持到最后。他对于创业虽然没有退缩过，但是他对于自己的创业构想却总是在变换，这其实也是一种退缩。

越大的事情越难以成功，创业之初的小企业更应该抓准一个点做深、做透，这样才能积累所有的资源。即便是大公司，走多元化的发展道路也不乏失败的案例，而一家小公司，如果到处去做试验，只会更快地耗尽资源。

总而言之，创业者不能退缩，无论是创业的梦想还是创业的构想，一旦确定就该一往无前地坚持下去，这样才能成功。事实上，创业艰辛而复杂，对此，就要求创业者对“一辈子的事业和本领”为之努力奋斗。

俞敏洪说:“别人每天学习 10 个小时，你就学习 12 个小时，4 年之后，你就比别人多学习 7000 多个小时。世界上最能跑的动物，不是马，而是骆驼。别人再聪明，面对这个天文数字般的差距，也只能报以一声叹息。把时间拉长一点，慢慢地坚定走下去，你会超过很多人。”在俞敏洪看来，成功要具备三个条件：第一是正常的智商，第二是明确的目标，第三是超常的勤奋和努力。

成功没有秘诀，贵在坚持不懈。任何伟大的事业，成于坚持不懈，毁于半途而废。其实，世间最容易的事是坚持，最难的，也是坚持。说它容易，是因为只要愿意，人人都能做到；说它难，是因为能真正坚持下来的，终究只是少数人。巴斯德有句名言，“告诉你使我达到目标的奥秘吧，我唯一的力量就是坚持精神。”坚持，像雨滴，固守创业者心中唯一的目标而不改初衷，努力凿穿自己的生命之石。

坚持如小草，不惧千斤磐石的重压，仍然顽强地亮出自己的生命本色。坚持，为创业者的人生创造了不尽的生命奇迹。像在烈日的沙漠中，把最后一滴水留给别人，没有誓言和旗帜。坚持是创业者的希望，在漆黑如墨的风雨之夜，坚持明天的太阳；在滴水如冰的严冬，坚持春天的渴望。

坚持是创业者的力，是生命的轮回建立的一种永恒的秩序；坚持是创业者的石，擦亮理想之火，点燃生命之灯。“锲而不舍，金石可镂”，坚持可以改变际遇，改变创业者的人生。坚持是创业者战胜一切的法宝，请坚信——坚持就是希望！

创业心得

毋庸置疑，创业者成功的一个关键就是能够坚持。对此，俞敏洪提醒那些即将创业或者正在创业的人，在创业中，如果遇到困难，那只是暂时的，绝对不能放弃，必须坚持到底。研究发现，在创业中，99%的人失败，是因为创业者在完成99%的时候放弃了，这是他们没有成功的最重要原因。这也就是成功者可以实现梦想最重要的业绩法则——永不放弃，坚持到底。

有些创业者一开始信心满满，但创业过程之中总会因为种种原因，半途而废，放弃了原本坚持的创业理想，说明了什么呢？

一是没有选好正确的方向，没有选到真正让自己感兴趣去拼搏去承担的项目；二是心理太脆弱，不能坚持到底。要知道，创业之初肯定是艰苦的，因为需要培育市场、诱导消费，要做好暂时赔钱或亏损的准备，同时积累经验打好基础，一般只要挺过这一阵子，一定会“柳暗花明又一村”，可遗憾的是，许多创业者往往都是急功近利的心态，有的希望一两个月就能翻身，一旦看到短时期内不得翻本，于是心态就不对了。所以，创业，一要选择好真正适合自己的创业项目，二要有坚持不懈的信心和决心。

创业，千万不能一味地凭感觉做事情，模仿、追随、跟风都不会有“钱”途。所以，告诫广大创业者，创业项目的选择，一定要“三思而后行”，最好能够在专家指导下，合理严谨地选择好项目。

1. 适合自己的才是最好的

市场很大，创业的项目也可以细分成很多类别，但是并不是每一样都适合你。这就好像一个天天写程序的电脑专家不一定能烹饪出美味一样，因此创业之前首先需要按照自己的特点去选择自己创业的方向。

有两个方面很重要：第一，就是你是不是对这个项目感兴趣，甚至这个项目就是你的爱好；第二，作为小本创业，要关注的还有就是你所要创业的项目是不是你专长的领域。

如果做的项目是你并不喜欢的，那将是很可怕的一件事，因为你每时每刻都在感受着煎熬。虽然说很多朋友在选择创业项目的时候都会选择自己喜欢的，但是也有更多的一些人是看到某些行业的利润颇高就眼红不已，选择了错误的项目。马云说过这样的一句话：100 个人创业，其中 95 个连自己怎么死的都不知道。从创业的第一天开始，就意味着你要经历很多的困难和失败。尤其作为独立个人创业，更需要涉足很多你之前并不熟知的领域，所以一旦你选择的项目根本不是你喜欢的，那么很有可能半途而废。

另外一点，就是一定需要找到自己专长的项目才可以定下创业的目标。

选择创业项目时，必须要了解这个项目你能否独立拿下。举个例子，如果你是一个程序员，你却打算去开一间酒吧，那么这个中间就会有很长的一段适应期，而这个适应期里会遇到很多的困难。也许就是因为这些困难，让本来不了解酒吧行业的你很快就会失去对创业的兴趣，这样你丢掉的不仅仅是激情和金钱，或许连你之后再去创业的信心都会丢失殆尽。

创业不是可望而不可即的事，谁都可以创业。这里面有大的创业项目，也有小的创业项目。甚至你在淘宝开个网店经营一些物美价廉的工艺品都属于创业的范畴。最重要的是，只要你自己有信心去做好的，那么就可以去尝试！

2. 选择用户需要的作为自己的创业项目

不管任何创业项目，都必须要有用户作为基础。没有用户的产品其实就是一个看起来华丽的艺术品——人们只会去看，而不会去使用。盈利是每一个创业项目的终极目标，一个没有盈利的项目，只能算是一件涂鸦的半成品。

在创业的道路上，坚持是成功的开门锁，是创业者不变的方向。成功贵在坚持，坚持是一种人生境界，坚持更是一步步引导创业者迈向成功殿堂的阶梯。“骐骥一跃，不能十步；驽马十驾，功在不舍。”同样，创业成功的秘诀不在于一蹴而就，而在于你是否能够持之以恒，是否能够坚持。

只要持续不断地敲门，成功之门总会打开

在创业的荆棘途中，创业者必须坚信，我不是为了失败才来到这个世界的。要将"暂停"、"没办法"、"不可能"、"失败"、"没希望"等字眼从自己的"字典"中除去。

创业的精神和抓住机会的勇气是财富经一直倡导的。创业者有积极性，但总是有恐惧感，因为他从来没有独立把握过自己的命运，也没有商业运作的经验，就像一个从来没用过电脑的人，生怕一用力就把键盘敲坏了，或者一上网就会遭遇病毒。事情其实并没有那么可怕，而对于想要创业的穷人来说，什么也别想，干起来再说！

干任何事都是需要条件的，而具备这些条件往往会耗费许多精力，

浪费很长时间，有时还没等到条件成熟，周边环境已经变化，旧条件没达到，新问题又冒出来，结果还是下不了手，最终不了了之。

穷人一生都在等待，等所谓的机会，等条件成熟，结果头发等白了，心也等老了，即使条件成熟了，你也懒得干了。要知道机会不是等出来的，是干出来的，不干永远没有机会。因此先干起来再说，边干边寻找机会，边干边创造条件，边干边修正，边干边完善，你是穷人你怕什么！只要大方向是对的，也许最初看起来没有希望的事，最终一定会有好的结果。

人生就像一场赌博：与其担心害怕创业失败，不如先干起来再说。

穷人遇事爱说赌一把，人生一场赌，这是一种态度。

赌是最能看出一个人性格的，面对直接的利害得失，必须作出自己的判断和选择。哪怕你不选择，也要表明一种态度，也要承受后果，你既然入了局，就必须接受考验。有的人喜欢豪赌，大把下注；有的人比较谨慎，步步为营。前者风险大，机会也大，输起来很惨，赢起来也痛快；后者来得慢，收获未必小，慢慢积累，或许终有所成。

最怕有种人，他看见局中热闹，忍不住心慌，也想博它一把，无奈患得患失，瞻前顾后，在一旁看得手心都冒了汗。如果始终只冒汗倒也罢了，可他冒汗以后，自以为看出了门道，忽地长出一颗豹子胆，一头扎下水，连头发都不露一撮出来，其结果多半不好。如果输了，旁人想救他也无处下手；如果赢了，以这种状态，非像范进中举不可，闹个半疯。

没有一份真正的潇洒，输赢都是难以承受的。人生能有几回博，入局不是什么难事，但自己到底能赌多大，得先想清楚了，然后才是技术问题。赌博看起来是靠运气，但真正的高手绝对要凭智慧，以及性格上的过人之处，才能在这个场子里混下去。

其实穷人最应该赌的就是命运：难道我永远就是穷人？

在同样的环境中，为什么有的人穷，有的人却富呢？人与人之间最根本的差别不是高矮胖瘦，也不是单眼皮和双眼皮的问题，而是知识、性格和思想。

一般人眼中，拾破烂的一定是穷人，想靠拾破烂成为百万富翁是近乎天方夜谭的事。可是，真就有人做到了。

沈阳有个以拾破烂为生的人，名叫王洪怀。有一天他突发奇想：收一个易拉罐才赚几分钱，如果将它熔化了，作为金属材料卖，是否可以多卖些钱？于是他把一个空罐剪碎，装进自行车的铃盖里，熔化成一块指甲大小的银灰色金属，然后花了六百元在市有色金属研究所做了化验。

化验结果出来了，这是一种很贵重的铝镁合金！当时市场上的铝锭价格，每吨在1.4万元至1.8万元之间，每个空易拉罐重18.5克，5.4万个就是1吨，这样算下来，卖熔化后的材料比直接卖易拉罐要多赚六七倍钱。他决定回收易拉罐熔炼。从拾易拉罐到炼易拉罐，一念之间，不仅改变了他所做的工作的性质，也让他的人生走上另外一条轨迹。

为了多收到易拉罐，他把回收价格从每个几分钱提高到每个一角四分，又将回收价格以及指定收购地点印在卡片上，向所有收破烂的同行散发。一周以后，王洪怀骑着自行车到指定地点一看，只见一大片货车在等待他，车上装的全是空易拉罐。这一天，他回收了13万多个，足足2吨半。

向他提供易拉罐的同行们，卸完货仍然又去拾他们的破烂，而王怀洪却彻底变了。

他立即办了一个金属再生加工厂。1 年内，加工厂用空易拉罐炼出了 240 多吨铝锭，3 年内，赚了 270 万元。他从一个“拾荒者”一跃而为百万富翁。

一个收破烂的人，不仅能够想到拾，还能想到改造拾来的东西，这已经不简单了；改造之后能够送到科研机构去化验，就更是具有了专业眼光。至于 600 元的化验费，得拾多少个易拉罐才赚得回来哟，一般的拾荒匠是绝对舍不得的，这就是投资者和打工者的区别。虽然是个拾荒匠，却少有穷人的心态，敢想敢做，而且有一套巧妙的办法，这种人，不管他眼下的处境怎样，兴旺发达那只是迟早的事。

穷人即使有钱，也舍不得拿出来，他总怕钱飞了，又回到穷日子去，即使终于下定决心投资，也不愿冒风险，最终还是走不出那一步，还是紧紧抱着自己的钱，认为少用就等于多赚。

穷人最津津乐道的就是鸡生蛋，蛋生鸡，一本万利……但是建立在一只母鸡身上的希望，毕竟太过脆弱。在渐渐成熟的商品社会，利益平均化，经营理性化，一切都趋于平淡，哪有什么一夜暴富的好事。一切都得渐渐积累，而穷人既没有原始的资本，又没有经营的经验，致富还特别心切，步子慢一点就颇不耐烦。不耐烦就容易冒进，冒进的结果是战友牺牲，敌人高兴，你那点可怜的资本，几下就玩完。结果穷人的一本万利，最终演变成了一本一利，甚至是一本无利，如水中月，镜中花。

富人的出发点是万本万利，在此基础上，如果做得不好，可能只是万本一利，如果做得好，也有可能万本亿利，总之没有本是不行的。

很多人想变成富人，他不是不知道该怎么做，而是不敢真的那么做。总是有太多顾虑，面对未来的许多不确定因素，他不去想一万，总去想万一，越想越可怕，结果无数的可能性就在这种犹豫和等待中化为乌有。

人在应付生活中的各种危险时，常常凭着经验和本能，不用思考就能作出选择。比如，你不会去站在不稳的石头上，也不会把手伸进火里。之所以这样，就因为你有过痛苦的经历，小时候有很多血的教训。在同一个地方跌倒的情况是很少的，烫过一次手你就不会再去玩火。失败是一种宝贵的经历，它会让人得到经验，变得聪明。

很多人总是担心创业失败，又失去了现有的稳定收入，落得个俗话说的“偷鸡不成蚀把米”。

所谓的稳定收入是很多人行动的障碍，犹如人生的鸡肋，说到底还是反映出缺乏自信。对绝大多数人来说，靠薪水永远只能满足生活的基本要求。老板之所以雇你，不是要让你发大财的，也不是要和你共同富裕，如果他挖不出你的剩余价值，雇你等于零。

所以，最终能够创造自己幸福的，还是你自己。舍不得孩子打不着狼，舍不得鸡肋也是干不成大事的。当然，孩子舍出去了，也不是就一定打得着狼，失手的事完全可能发生；舍去了鸡肋也许最终并没有干成大事，甚至真的连光骨头都没得啃了，这也有可能。不过只要你相信人的能力是在实践中锻炼出来的，多一些经历，无论如何总是好的，至少对提高个人素质有用，那么你就会觉得，你在走着，在向目标接近，总比原地踏步好。

民间有一种捕猴子的办法：在一块木板上挖两个洞，刚好够猴子的手伸进去。木板后面放一些花生，猴子看到花生就伸手去抓。结果，抓了花生的手紧握成拳头，无法从洞里再缩回来，木板成了一块活生生的枷锁。猴子就这样紧紧抓着它的花生，被人轻而易举捉去。可怜的猴子！它之所以这样，是因为它太缺食物，把食物看得太重了。穷人的状况往往也是如此。

穷人最缺的是什么？是钱！缺钱给穷人带来深重的苦难，钱就成了生活的重心，成了一个巨大的诱惑，没法不看重。然而对钱的过分关注，就容量忽视钱以外的东西，结果，穷人所得甚少，失去甚多。

50 年前有一个美国人叫卡纳利，家里经营着一家杂货店，生意一直不好。年轻的卡纳利告诉他的父母，既然经营了这么多年都没有成功，就应该换一个思路，想想别的办法。他家附近有几所大学，学生经常出来吃快餐。卡纳利想，附近还没有人开一个比萨饼屋，卖比萨饼肯定能行，于是他就在自家的杂货店对面开了一家比萨饼屋。他把比萨饼屋装修得精巧温馨，十分符合学生高雅讲情调的特点。不到一年时间，卡纳利的比萨饼成为附近的名吃，每天都顾客爆满。随后他又开了两家分店，生意也很好。

卡纳利的胃口大起来，他马不停蹄地在俄克拉荷马又开了两家分店。但是不久，坏消息一个个传来，他的两个分店严重亏损。起初，他一个店准备 500 份，结果总有一半的比萨饼卖不出去。后来他又按 200 份准备，还是剩下很多。最后，他干脆只准备 50 份，这是一个连房租都不够的数字，仍然不行。最后，一天只有几个人光顾的情景也出现了。同样是卖比萨饼，两个城市同样有大学，为什么在俄克拉荷马就失败呢？不久他发现了问题，两个城市的学生在饮食和趣味上存在着巨大差异，在装潢和配方上面他犯了错误。之后他迅速改正，生意很快兴隆起来。

在纽约，他也吃了苦头。他做了很细致的市场调查，但是比萨饼就是打不开市场，后来他才发现，卖不动的原因是比萨饼的硬度不合纽约人的口味。他立即研究新配方，改变硬度，最后比萨饼成为纽约人早餐的必备食品。

从第一家比萨饼店算起，19 年后卡纳利的比萨饼店遍布美国，共计 3100 家，总值 3 亿多美元。卡纳利说，我每到一个城市开一家新店，十分之九是失败的，最后成功是因为失败后我从没有想过退缩，而是积极思考失败原因，努力想新的办法。“因为不能确定什么时候成功，你必须先学会失败，”他说。

人生也是如此，要想获得成功，首先须学会失败。只要持续不断地敲门，成功之门总会打开。

创业心得

俞敏洪说，对于那些创业者而言，失败没有什么可怕的，年轻创业者不要怕失败，最多也就是从头再来。在创业方面，年轻是最大的本钱，因为年轻，所以输得起，想想我们二十多岁的时候出来创业，也就是想最坏的结局也不过就是一切再从零开始，再重新创业。当然，这并不意味着莽撞和盲目，创业要树立明确的、适合自己的人生目标。任何人、任何企业在任何阶段都会遇到各种各样的困难，不同的人会遇上不同的问题，遇到问题时不要抱怨、不要放弃，而是要想着怎样用恰当的方式去解决它。要想成功，就不要怕失败，直到成功。

俞敏洪强调，在创业的荆棘途中，创业者必须坚信，我不是为了失败才来到世界的，要将“暂停”、“没办法”、“不可能”、“失败”、“没希望”等字眼从自己的“字典”中除去。绝不轻易放弃，因为放弃只有一个结果——彻底失败。的确如此，创业者只有不怕失败，才有可能成功。

创业要有合作分享的精神，在合作分享中共同强大

在创业过程中，合作分享是必不可少的经营手段。在合作分享中提高自己，在合作分享中共同强大，这才是经商的大智慧。

俞敏洪告诉那些想创业的大学生们，创业要有坚韧不拔、不怕失败的精神，要有足够的准备期，而且最重要的还要懂得与自己的合伙人以及职员一起分享。俞敏洪多次谈道，要想创业成功，必须懂得与人分享。俞敏洪在一次讲座中这样说道：

如果你是在团体里边工作，你就必须遵守在一个团体里做人的道理，新东方也不例外。因为人是群体性的动物，所以必须学会在人群中生活。不管你的个性多么古怪，只要你选择在办公室上班，在一群人中间工作，

你的人际关系的好坏就决定了你在一个地方的地位和威望。当办公室里所有的人都认为你很难对付，或者心情古怪，或者动不动就发脾气，或者有一点小权力就刁难别人，并且在很多事情上不配合别人的时候；当你在办公室不把自己当作所有人的朋友看，而是把自己当作所有人的领导看的时候，你的人际关系就会使你陷入绝境。当人际关系被毁掉的时候，你的地位和快乐同时也会被毁掉，在一群人中间不受欢迎的人一定是在一个地方呆不长的人。在新东方，被我辞退的人大部分都是因为人际关系搞不好，而不是因为他们工作不认真。其中有的人工作极其认真，但是把所有人都得罪了，结果弄得你把所有的精力都用在了解决他所造成的人际纠纷上。我并不是说让你为了不得罪人就做老好人，而是要学会在坚持原则的前提下与别人和睦相处，并且学会和别人分享自己的感情和思想。

我发现新东方的有些管理者实际上在做老好人，不管员工做好还是做坏都不加干涉。他是想维护好自己的位置，自己的权力。但是作为管理者，如果不能赏罚分明的话，就会使所有的人都没有干劲。如果你不把那些捣乱的人开除的话，你自己就会变得没有任何威望，因为群众的眼睛是雪亮的。一个领导人失去威望的时候，就是自己下去的时候。因此，人际关系的好坏既是员工的事情，也是领导的事情。

我们的生活中会有各种各样的风风雨雨，在风风雨雨中间，我们除了需要家庭，有时候也需要朋友在前进的道路上互相搀扶。我最欣赏的歌词之一就是周华健的《朋友》里的：“朋友不曾孤单过，一声朋友你会懂……”从这个歌词可以看出来，朋友是多么的重要。如果你想要交朋友，一定要记住一个前提条件——你要学会和朋友去分享生活，分享你的物质财富，分享你的痛苦和快乐。生命的丰富是因为你的分享而成倍地增长的。当你把自己的痛苦和幸福吐露给朋友的时候，你的心灵就得到了平静，你就会变成一个更加亲切可爱的人；当你把痛苦和悲伤压在心中的时候，你就会变成一个古怪的人，迟早会有神经崩溃的一天。

我用两个比喻来说明什么叫分享：

我常常跟新东方的学生讲，大家要学会分享。你有6个苹果，你留下1个，把另外5个给别人吃。当你给别人吃的时候，你并不知道别人能还给你什么，但是你一定要给。因为别人吃了你的那个苹果以后，当他有了橘子，一定会给你一个，因为他记得你曾经给过他一个苹果。最后，你得到的水果总量可能不会增加，还是6个水果，但是你的生命的丰富性成倍增加，你看到了6种不同颜色的水果，吃到了6种不同的味道，更重要的是你学会了在6个人之间进行人与人最重要的精神、思想、物质的交换。这种交换能力一旦确立，你在这个世界上就会不断得到别人的帮助。这是第一个比喻。

还有，你生活中的痛苦和快乐一定要跟别人分享。因为如果你把痛苦压在心里，就像一座还没有爆发的活火山一样，早晚有一天会爆发，一旦爆发，力量就是毁灭性的，它可能会把你自己摧毁，也可能把别人摧毁。1980年，美国的圣海伦斯火山的爆发就是一个例子。圣海伦斯火山100多年没有爆发，人们认为它不会爆发。结果一夜之间爆发了，把周围几十英里的土地全部摧毁得一干二净，几个人一起才能抱拢的大树在一秒钟之内全部被烧毁。但是当你到了夏威夷以后，你却敢站在火山口看岩浆源源不断地流出来，因为你知道有岩浆源源不断地流出来，它就不可能爆发。同样道理，当你心中有压抑和痛苦的时候，你需要朋友、同事、领导帮你排忧解难。当你和别人分享的时候，你就会发现你的心灵是平静的，而人的心灵的平静是一切幸福和快乐的根本保证。这是第二个比喻。

从俞敏洪的话中我们可以看到，没有分享精神，就无法与人成功合作。俞敏洪谈道，他看到不少大学生，几个朋友在一起创业，刚刚做到有欣欣向荣的迹象的时候，却因为有利润了，开始计较分多分少的问题，最后就散伙了，在创业还未达到顶级状态的时候就倒闭了，所以分享的精神在创业过程中也是非常重要的。与人合作是一门技术、一门艺术，也是一门专业。处理得好大家发财，处理不好一同烦恼。如何处理？虽因人而异，但必须遵守下列原则：

1. 朋友不合作，合作不朋友

如果是大街上遇到的两姓旁人也根本谈不上相互合作创业的话题，但凡一起合作，一定有感情上的牵扯，或亲朋好友，或同学战友，或亲朋好友介绍，或同学战友搭线……总之，“千里姻缘一线牵”，没有“姻缘”的也合作不到一块去。

但是，一旦在一起合作时，合作者的任何一方先不要把对方当作朋友对待，先把对方当作对簿公堂的原告或被告来对待最好。要像在法庭上对付原告或被告那样来讨论双方的合作协议条款，一点情面也不要留，尽量地、挖空心思地找出对对方不利的证据来，然后让对方给予圆满的、一丝不苟的解答。双方解答清楚后，就把这些都写进合作协议的条款之中去，作为双方今后做法准则的依据和“私”法，谁将来违反这部“私”法，要让他损失“惨重”才行。大家往往现在不能做到这一点，或碍于情面或草率行事或不懂当今法律，结果大都不欢而散，有些还真上了真正的法庭对簿公堂。这叫先不对簿后对簿也。

2. 要想公平，打个颠倒

既然要合作，大家一定会求一个公平。什么叫公平，就是如果你是他，能否接受你给他的条件或利益，这就叫公平。“打个颠倒”，这好像是一句西部地区的口头语，意思就是如果颠倒之后你都不愿意接受，那么你也不要强求人家接受。这应该是很明白的道理，但是往往大家不愿这样思考问题，必然埋下隐患，待到爆发之日，你过去应该得到的恐怕也不能得到了，所以还是事先就替人家想想的好，也就是所谓的“己所不欲勿施于人”。

3. 自己吃点小亏，让他占点便宜

世间任何事情没有绝对的公平，你抽“中华”让他抽“前门”我看不妥，你不抽烟也不让他报销一盒烟我看也不妥，如果你不抽烟让他抽足“中华”烟，我看这个事就好商量了。对待合作者要让他一些便宜，一方能让对方也会让，双方都让一些利益给对方，最终大家都吃不了多少亏，不要任何事情都计较。

4. 凡事勤立规矩，不要无章可循

两个人或更多人或更多企业在一起合作，不断地出现新问题新矛盾是正常的事。事情虽然正常但是也要及时地处理，所谓及时处理就是不要积累，积累必成大患，到问题多时就不好理出头来了。有些合作的双方或多方，表面上看来你好我好笑哈哈，其实每个人的肚子里都有一本账，之所以问题没有爆发，只不过大家暂时认为没有到爆发的时候而已。一旦爆发时，恐怕就难以说清谁对谁错，因而不得不散伙。

5. 亲兄弟，明算账

亲兄弟都要明算账，更何况外人乎？我们的祖先真是说的好：君子之交淡如水，小人之交甜如蜜。有朋友每年给你送一张贺年卡，你一定要给人家也回送，如果三年你不回送，你们之间的友谊就告吹了，尽管你们可能每天都见面，不信你就试试？不要用无所谓来安慰自己，无所谓的可能是你，而他有所谓。

6. 没有永远的一致同意

没有最初的一致同意当然也就无法合作，但是在创业的过程中，绝对不可能有永远的一致同意，那么如何处理不一样的意见，就是合作的关键。实施控股制是唯一的办法，在不能统一意见时由控股方拍板定案。

另外，在合作之初应当确定好入围和退出的机制。其实所谓的入围和退出机制从道理上大家都理解，但是往往在现实中不太好操作，所以关键是要解决入围和退出机制的可操作性。

入围好说，无非是有人出人有钱出钱，大家认可签字画押，复杂的是如何退出？当合作者在管理和运作企业上存在不可调和矛盾的时候，最好的是非控股方的退出，理想的当然是由控股方收购非控股方的股份。

7. “打虎亲兄弟，上阵父子兵”只对打虎上阵有效

现在我国很多私营企业一般还是家族企业，实施家族管理。对此，管理理论家和职业经理人提出了大量批评甚或贬低的看法，说这样将无法将企业做大、不利于企业管理等等。应当说，理论家们提出的无论是批评还是贬低的意见大多不无道理，但是家族式企业有家族式企业的起因，在企业的创业阶段，家族式是一种最低成本、最具凝聚力的手段和方法，当一个人在没有资金创业的时候，他只能搞家族式企业！

但是搞家族式企业也必须遵循这篇小文里说的点滴道理，否则将来必成隐患。我国有句俗话说：打虎亲兄弟，上阵父子兵。我看只对打虎和上阵有效，就是说只对会造成亲属生命威胁的场合有效，而对与亲属产生金钱关系的场合无效。内中的道理大家可以去体会。

8. 没有过不去的难，只有享不完的福

创业起步的时候往往是一个企业成长最困难的时候，但此时创业者们往往能够团结一致，刻苦奋发。没有钱分的时候往往也没有矛盾，等到企业有了一定的成长时，可以说大家都开始有钱赚的时候，矛盾反而越来越多越来越尖锐了，甚至有人还会跺脚发誓非得把这个企业搞垮不行，等到企业被创业者们自己的力量搞垮的时候，创业者们往往又开始反思自己的错误。因此，为了避免有难可以同当有福不能同享的结果发生，就要把将来如何享福的方案在事先说清楚。

9. 让我永远不欠你的

作为一个老板，应当及时地给为你作出贡献的员工报酬和奖励，不要拖着不愿意给，职工不是你的投资合作者，没有义务和你一起去承担任何责任和风险。

这句话的意思就是说，作为一个投资合作者，在对方已经做到了协议规定的义务和责任之后，不应该再要求对方做更多的贡献，合作者只有责任做合作协议中规定的责任和义务。如果对方作出了超出责任和义务的贡献，就要给予对方利益的补偿，不要拖欠人家，否则将来在权力上可能发生重新分配的情况。

10. 不是一路人，不进一家门

古话说：秀才遇见兵，有理说不清；还有一句话说：不是一家人，不进一家门。这些话有一定道理。同样地，合作创业也需要合作者能够门当户对才好，所谓的门当户对不是说一定要你投多少钱他也投多少钱，而是说你的道德品质和个人素质的水平如何也要与同样品质、素质的人合作。否则你是谨守诺言，他是背信弃义；你是有福同享，他是惟我独占；你是生物高科技，他是回家多种地；你是雍容大度，他是小肚鸡肠。用西部人的话说，这叫怎么也尿不到一个壶里。

现实中还有一句话，如果合作一定要和具有优良的道德品质和个人修养素质的人合作。不要一时缺钱，得着谁是谁，万一碰到一个心术不良者，你只会导致竹篮打水一场空，还得赶紧向公安局报案或向法院起诉，非得整得你几年没魂不可。

在创业过程中，合作是必不可少的经营手段。在合作中提高自己，在合作中共同强大，是经商的大智慧。所谓合作伙伴就是既要能‘合”，亦要能“作”，也就是说既能与你精诚合作，不起疑心，又要有实际能力办成实事。而不是只说不做，这两点缺一不可。

合作就像婚姻，它是你腾飞的起点，是你发达的基础。我们认为好的婚姻使人幸福有加，好的合作使人飞黄腾达。有好的合作伙伴是人一生的幸运；不相宜的合作伙伴使人两败俱伤。选择合作伙伴，应注意以下原则：

1. 要选择重承诺、守信用的人做你的合作伙伴

在现代市场经济条件下，信用、信誉是价值连城的无形资产。孔子曾说过："人而无信，不知其可也。"意思是说，一个人不守信，是根本不可以的。"重承诺，守信用"这六个字是对合作伙伴的道德要求，也是根本要求。

2. 要选择志同道合的人做你的合作伙伴

首先，合作伙伴在一起合作最直接的认同就是"志"相同，"志"指的是目标和动机。其次的认同就是"道"相合，"道"就是实现志的方式、手段。著名企业家选人的首要标准就是志同道合，要求部下必须熟知他的领导作风，对他的管理方法能贯彻执行。选择合作伙伴时，志同与道合同样重要。最成功的合作事业是由才能和背景不相同而又能互相配合的人通过合作创造出来的。

3. 要选择有德有才的人做你的合作伙伴

选择合作伙伴时，必须选择德才兼备的人。必须全面衡量，万不可只顾其一而不顾其二。正像人们所说"有德无才是庸人，有才无德是小人。"重德轻才，往往导致与庸人合作；重才轻德，往往导致与小人合作。无论是庸人还是小人，与之合作注定是要失败的。其中尤其要注意的是不可见才忘德。

越大的事业越需要尽可能多的人合作，而按现代经营理念讲，利益一致才能真诚地合作，因此必须把利益问题放在主要位置，包括下属的利益与外来合作伙伴的利益。重要的是首先要顾及对方的利益，不可为自己斤斤计较。对方无利，自己就无利，要舍得让利，使对方得利，这样最终会为自己带来较大收益。千百年来，商人们的共同特点就是无利不起早，没有利润的事情是商人们所不愿意涉足的。因此，合作必须有三大前提：一是双方必须有可以合作的利益；二是必须有可以合作的夙愿；三是双方必须有共享共荣的打算。此三者缺一不可。

作为一个投资者，如果你打算寻找一个合作伙伴，就一定要有与对方真诚相处的准备，1 加 1 等于 2，1 减 1 等于零，1 虽比 2 小，也却大于零。所以，如果你不能做到与合作对方真诚相处，最好还是一个人单干。有这么一则寓言故事：一对狮子和一只狼同时发现一只小鹿，于是商量好共同追捕那只小鹿。起初他们合作良好，当野狼把小鹿扑倒，狮子便上前一口把小鹿咬死。但这时狮子起了贪心，不想和野狼平分这只小鹿，于是想把野狼也咬死，可是野狼拼命抵抗，后来狼虽然被狮子咬死了，但狮子也深受重伤，无法享受美味。试想一下，如果狮子不如此贪心，而与野狼共享那只野鹿，岂不就皆大欢喜了吗？

这个故事讲述的道理就是人们常说的“你死我活”或“你活我死”的游戏规则！为什么非将争个鱼死网破、两败俱伤呢？总而言之，“双赢”是一种良性的竞争，更适合于现代社会的相互竞争。一个企业家要懂得与他人分享，真心分享，公平分配利益。要相信，这种坦诚相待会产生很强的凝聚力，从而精诚合作，更快更好地获得成功。

创业心得

对于自然界的万物，乃至人来说，无处不在“合作”。个体要合作，整体更要合作。合作可以节省时间，提高效率，还可以更好地取众人之长，补一己之短，有助于成功。

就拿吃饭来说吧，只是张张嘴罢了，这个简单的动作，却需要身体内众多器官的分工合作。首先，嘴要先品尝食物；然后，由器官组成的系统来消化食物；最后再由它们把食物的营养留在体内，把废物排出体外。

与个体一样，整体也是要合作的，这是司空见惯的事情，不足为奇。比如生产一辆小汽车，一个工人能独自完成吗？虽然不能绝对否定，但更多的是通过合作完成的，你生产外壳、我生产零件、他组装，经过许多人的合作，才能更好更快地生产出一辆小轿车。

合作无处不在。即便是在自然界中，人们也不难发现合作的身影。在不大的蚂蚁族群中，有着复杂而又严格的分工。工蚁负责探路和寻找食物，兵蚁肩负蚁巢的安全保障，蚁后则生育后代，还有的哺养后代。每一个成员既不多做也不少做，缺了其中任何一个环节都不行。蚂蚁族群正是凭借每一个成员的合作精神，才能生存下去。世间万物都要遵守自然规则，人也如此，分工不同却组成一个和谐的社会。

合作，其实是一件快乐而又有效率的事，却往往被我们所忽略。

合作，会更好地让一个人学会独立、进取，有团结奉献精神。共承担、共欢乐，增强我们的责任感。这样才能更好地让我们在人生的旅途中得到发展。俞敏洪强调，创业者要想成功，更多的时候体现在懂得分享。因为当今社会无论从资金还是经验方面来看，一个人做事情是很难成功的。作为创业者，要学会将得到的果实分享给自己的同伴。如果创业者懂得与他人分享，创业肯定能成功；反之，一个不懂得与他人分享的创业者，不可能将事业做大。懂得分享是一名创业者必备的素质。

单打独斗的时代已经远去，团队合作的时代已然到来

我们也会有矛盾，但我们绝不能让“散伙”或“集体辞职”之类的事情发生，这样的团队才能保障我们事业的未来。

高绩效的团队必须要求所有组织成员之间在工作过程中进一步提高相互依赖、相互关联、共同合作的能力。当然，高绩效的团队仅靠合作是不够的，卓越团队必须是建立在所有成员具有共同的理念和奋斗目标之上的，有统一的行动纲领和行为准则，才能解决错综复杂的问题，并进行必要的行动协调，保持组织应变能力和持续的创新能力。俞敏洪提醒那些即将创业或者正在创业的人，要想成功创业，只发挥以一当十的干劲还不够，还必须提高合作能力，使整个团队发挥以“1+1>2”的功

效。因此，团队协作模式对个人的素质有较高的要求，成员除了应具备优秀的专业知识以外，还要有优秀的团队合作能力，这种合作能力，有时甚至比成员的专业知识更加重要。

作为一个创业者，一个好的团队是创业成功的保障，创业者可以没有充足的资金，可以没有出色的项目，但是决不能没有一个好的团队。如果想组建一个成功的团队，就必须要杜绝自傲心理。创业者自己在创业团队中虽然处于领导地位，但是要知道，你才刚刚开始创业，还没有足够的威望让下属对你言听计从，而且你自己的能力也还没有达到能凭一己之力独揽全局的地步，你需要别人的帮助，遇到事情需要和下属商量着办。如果你产生了自傲的心理，对下属的意见视而不见，凡事都独断专行，到最后一定会让自己众叛亲离，这对创业来说是致命的。

小王今年刚刚创业，开办了一家自己的设计公司，公司员工有许多是他当初的同事，小王知道这些同事都是很有能力的人，所以不惜支付高额的薪酬把他们招至麾下。一次公司接到了一个新的设计任务，小王马上召集员工开会，布置工作任务。会上，小王要求员工按照他制订的方案去实施，但是有几个下属却对该方案提出了质疑，认为需要改进或重新制订方案。小王当时很生气，因为他认为自己的这个方案十分完美，只要照着做就行了，所以他不同意改动。

由于双方都坚持自己的意见，最后小王急了，对那几个员工说："当初我在做设计员的时候你们也都知道，我从来没出过错误，这次一定也不会出错，你们只要照着做就行了。"那几个员工当时什么也没说，但是第二天就递交了辞呈。

小王那时候也在气头上，所以就痛快地答应了他们的要求。由于那些富有工作经验的老员工走了，而新员工又大多不能独当一面，所以小王的公司每况愈下，最后不得不关门大吉。

小王到最后也没弄明白，为什么自己给那么高的薪酬还留不住人，到底是哪儿出了问题？

案例中的小王过于自傲，所以他即使付出高额的酬薪也组建不起一个优秀的团队。对于真正优秀的员工而言，工作并不仅仅是为了获得工资，他们更需要一个展示自己能力的平台。创业者如果有自傲心理，在工作中独断专行，就无法让员工对工作产生认同感，这对于组建创业团队绝对没有好处。因此，创业者一定要摒弃自傲心理，把团结、合作、尊重别人放在第一位，这个品质在今天同样是必不可少的。

自傲另一个害处就是影响你与合作者的沟通。

在合伙创业的时候，合作各方如果都有自傲心理，互相不服气，都想当董事长或总经理，或者是力图在公司里营造一种“少了我就玩不转”的管理气氛，都会对以后的合作产生不利的影响。创业者要切记，在合作之时，千万不要有这种自傲心理，因为这会让你在合作中逐渐被孤立。

互相尊重，求同存异，是合作的基础和成功的保障。无论你是合伙创业还是单独创业，为了实现商业目的都需要两方或者多方合作。当合作双方发生矛盾的时候，自傲心理会让创业者总是主观地认为自己是对的、别人都是错的，这绝对会把事情搞砸。所以一定要注重合作，在合作中把身段放低一点，民主些、自谦些，绝对是好事。

创业既要有自信，但是也不能过度自信而变成自傲。这个尺度一定要把握好，只有找到自信和自傲的平衡点，才能帮助自己创业成功。

究竟什么是自信，什么又是自傲，这二者之间有没有明确的界限，这是我们要搞明白的问题。

自信是一种内在的力量，自信的人不会被失败和挫折击倒，他们富有乐观积极的态度，能够在工作中有所建树。在为人处世上，自信的人相信但不会迷信自己的能力，他们能够听取别人的意见，并且在工作中敢于承认自己的错误。

自傲的人则不同，他们过分迷信自己的能力，认为所有人的意见都不如自己的好。他们会认为所有的员工都是给自己办事的人，都必须服从自己的命令，因此在工作中独断专行，傲气十足，不会听从别人的意见，有唯我独尊的专权思想。

这两种人如果站在一个起跑线上去创业的话，相信自信的人一定会取得更大的成功。创业初期，公司实力不强，项目一般，凝聚力也有限，这个时候如果再因为自傲影响了团队的战斗力，创业型公司还有什么可以倚仗的呢？

所以说，不管创业者的自我感觉有多良好，也要在创业时把自己的位置放低，放下身段，这样才能聚集周围的力量。大家设想一下，如果一个人骄傲自大，总认为自己各方面都比别人更胜一筹，周围的人还愿意去帮他吗？一定会离他远去。创业需要许多人帮助才能成功，如果你端着架子，看不起这个，看不起那个，是不适合创业的。

小宋是刚毕业的大学生，由于家里比较富裕，刚毕业手里就有十多万，所以小宋和他的哥们儿准备用这些钱开一个服装厂，创建一番自己的事业。不久，在几个朋友的帮助和策划下，小宋迅速地掌握了服装市场运作规律，而且也使自己的企业得到了很好的发展。

然而，就在他们的企业刚刚起步之际，有一个服装厂面临倒闭状态，急着转让出去，小宋决定用刚赚来的钱收购那家大的服装厂，他认为扩大生产规模肯定会使自己的企业更上一层楼。但他的朋友却不这样认为，他们劝小宋现在企业刚起步，不要着急收购，等企业发展到一定程度再收购也不迟，“蛇吞象”肯定会惨遭失败。

但小宋不听，因此双方在这件事上起了分歧，小宋自傲地认为当初在建厂的时候，他是大股东，他是老板，所有的事都应该是他说了算，别人只能服从他的决定。最终他的朋友决定退出。

几天之后小宋终于如愿以偿，收购了那个大服装厂，然而，收购来的“肥肉”却成了“空壳”，一切都得重新发展，小宋就把所有的资金都搭上了，最后换来的结果却是两个厂子一起倒闭。

正是因为小宋不听别人的劝告，自傲自负自大，认为自己是老板，所有的事情都是自己说了算，才导致他最终走向了失败！

一个人如果太自傲，他就会藐视所有的人，藐视所有的规则，谁都瞧不起，谁都不放在眼里，慢慢地他会觉得整个世界变得似乎只有他一个人存在。一个人如果太自傲，他就会陷入一种莫名其妙的自我陶醉之中，不管别人怎样提醒他、劝告他，他的“自我感觉”永远是良好的。一个人如果太自傲，他就会变得狂妄自大，变得不知天高地厚，许多事情必定不能成功，即使这样依然不听别人的好言相劝。所以做人如果太自傲，结局将会很惨。

越来越多的创业者开始组建成功的创业团队，因为想要成功必须和创业团队抱成一团，共同用智慧去创造新的财富。那么，如何才能组建优秀的创业团队呢？

1. 团队成员要知己知彼

绝大多数创业团队的核心成员都很少，一般是三四人，多也不过十来人，如此少的团队成员从企业管理角度来看，实在是“小儿科”，因为人数太少，几乎每个从事管理工作的人都觉得能够轻易驾驭。但实际上，创业团队成员虽少，但都有自己的想法、自己的观点，更有一股藏于内心的不服管的信念，因此对创业团队中的每个成员都不能抱以轻视的态度。

优秀的创业团队的所有成员都应该相互非常熟悉，知根知底。《孙子兵法》中云：“知己知彼，百战不殆。”在创业团队中，团队成员应该清醒地认识到自身的优势和劣势，同时对其他成员的长处和短处也一清二楚，这样可以很好地避免团队成员之间因为相互不熟悉而造成的各种矛盾、纠纷，迅速提高团队的向心力和凝聚力。

2. 创业团队要才华各异、相得益彰

创业团队虽小，但是“五脏俱全”。创业团队成员不能是清一色的技术流成员，也不能全都是搞终端销售的，优秀的创业团队成员各有各的长处，大家结合在一起，正好是相互补充，相得益彰。一般来说，一个优秀的创业团队必须包括以下几种人：一个创新意识非常强的人，这个人可以决定公司未来发展方向，相当于公司战略决策者；一个策划能力极其强的人，能够全面周到地分析整个公司面临的机遇与风险，考虑成本、投资、收益的来源及预期收益，甚至还包括公司管理规范章程、长远规划设计等工作；一个执行能力较强的成员，具体负责执行过程，包括联系客户、接触终端消费者、拓展市场等。

3. 创业团队必须有胜任的带头人

在企业管理和市场营销中，我们通常认为领导者的核心竞争力很重要，事实上，在创业团队中，带头人作用更加重要。

创业团队中必须有可以胜任领导职位的人，而这种领导者，并不是单单靠资金、技术、专利来决定的，也不是谁出好的点子谁就当头，这种带头人是团队成员在多年同窗、共事过程中发自内心的认可。

一个好汉三个帮，红花也需绿叶扶持。不管创业者在某个行业多么优秀，也不可能具备所有的经营管理经验，而借助团队的力量就是“拿来主义”，他们拥有企业所需要的经验，例如顾客经验、产品经验和创业经验等。而且人际关系在创业中的比重被放在一个很重要的位置，人际关系网络的发达与否，是企业成功的重要因素之一。通过团队，人脉关系可以放得更大，可提高创业成功的概率。

一项针对创业者能力的研究报告也指出，组成团队与管理团队是成功创业者需要具备的主要能力之一。由于组成创业团队的基石在于创业远景与共同信念，因此创业者需要提出一套能够凝聚人心的远景与经营理念，形成共同目标、语言、文化，作为互信与利益分享的基础。组成创业团队是一种结合远景、理念、目标、文化、共同价值观的机制，使之成为一个生命与利益的共同体。

除了上面要注意的要点外，在组建一个团队时，应着重关注以下几点：团队功能要求、性格要求、年龄要求、资源要求、退出机制。

1. 功能要求

创业团队有自身的任务和目标，则应具备与任务和目标相关的功能。创业团队组建时应做好三点：第一，企业的主要功能应完善；第二，各主要功能应协调，避免长板特长短板特短的情况；第三，应格外注意作为关键成功要素的功能。所谓主要功能完善，指的是团队成员职责及特长应能涵盖企业执行的基本方面，包括营销与销售、企业内部管理、技术和产品等。所谓各主要功能协调，避免长板短板，指的是任何一方面功能的缺失或弱化，都会在或近或远的时间里，对企业发展产生或大或小的问题，严重的可能直接导致创业失败。这就是通常所称的“木桶理论”。创业企业的关键成功要素与正常运作企业并非完全相通。

营销或销售功能、融资能力及现金控制能力和战略方向把握能力三方面格外重要。创业企业往往会出现以下情况：

(1) 产品好，有独特的技术，但没有适当的产品定义，接触最终客户的能力弱，最终导致产品或技术胎死腹中。

(2) 企业思路清晰明了，融资能力差；不知道怎么做商业计划、不具备融资方面的任何信息或关系资源；或者一笔业务随意放款，导致现金流出现问题；或者在某笔具体的银行操作上，出现假汇票、空头支票等。这些都有可能使创业企业陷入致命危机。

(3) 企业有好的产品或技术，营销及销售能力也比较强，但在创业初期对自身定位、发展方向等没想清楚，或者在经营中有什么业务做什么，导致资源分散，主次不分，导致丧失机会或资源配置失当。

2. 性格要求

为保证团队的整体协调，团队各成员间性格应能互补。对性格有不同的分类方法，比较常见的有两种分类方法：激进、中庸、保守三类；力量型、和平型、完美型和活泼型四类。我们在创业团队组建时要考虑到性格互补的因素，团队中激进的、中庸的、温和的都要有。激进者有冲劲、想法多，但持久力稍弱，沟通中易急躁；温和者则更关注风险问题，耐久力强，但不易兴奋，对机会不敏感；中庸者则要扮演两者间的平衡器，调动温和者的激情和参与度，提醒激进者关注风险。团队里力量型者有助于公司冲锋，和平型者有助于团队气氛和谐，完美型者有助于团队严谨和推进计划，活泼型者有助于调节气氛，推广公司形象。

3. 年龄要求

年龄互补是很多创业者没有注意到的或者说在创业时很难实现的重要因素。年龄与阅历、经验、行为方式、信任度以及社会资源都有重要的关系。一般而言，年轻者更有冲劲、更具创新性，年长者更稳重、执行起来比较不折不扣；年轻者容易盲目，年长者容易保守；年长者较年轻者更容易给客户或合作者信赖感；年长者其社会资源、客户关系资源也应该相对年轻者为多。以上虽非绝对，却有一定的规律可循。

4. 资源要求

这里所谓的资源主要指客户资源、资金资源、以及政府、行业、新闻等方面的资源。社会资源是创业时必须考虑的非常重大的问题，尤其是在中国目前各方面都不规范、融资难等的状况下尤其重要。资源和上述功能要求有一定关系，但也有明显区别，最重要的区别是资源要求多多益善。互补原则在这里不适用，但长短板原则依旧适用。

5. 退出机制

天下没有不散的筵席。在组建团队时就考虑好成员的退出机制，可以促使团队成员更安心、积极地为企业工作，可以更好地保障所创立企业的长治久安，不至于因有关成员退出而元气大伤，可以使团队成员有公平的回报，为其实现当初创业时的梦想提供保障。国内很多企业创业期能共患难，但成功后分利不均，导致不能同甘而分崩离析、甚至反目成仇，还有很多企业因创业成员离开而蒙受巨大损失等，可能或多或少都与退出机制没有解决好有关系。

创业心得

团队是成功创业的关键因素，俞敏洪提醒那些即将创业或者正在创业的人，在21世纪，个人单打独斗的时代已经远去，团队合作的时代已然到来。

事实上，一个好的团队能促进创业企业更快地成功。俞敏洪认为，作为创业者，必须把每个成员的融入问题处理好，因为一个团队相互认可、相互接纳，并形成行为方式上的互补互动性和协调一致性才能形成高效的团队。

特别是那些自制力强、感悟力好的成员，融入得自然和谐、顺乎情理，被群体接受的程度就高，因此就可能会获得更多的发展条件和机遇。作为具有独立个性的成员，必须融入到团队群体中去，才能促进自身发展。对此，俞敏洪提醒那些即将创业或者正在创业的人，有市场必然存在竞争，有竞争才能促进发展。激烈竞争的市场环境已从过去单一产品的竞争、价格的竞争逐渐演变到现在的人才竞争。而人才的竞争，关键是要将企业人才拧成一股合力，打造一支优秀的团队。

为此，要明确创业项目的方向，找志同道合者。只有同流才能合流，合流才能交心。因此，大家务必找到合适的创业对象：有创业兴趣、激情和行动力，不浮躁，抗挫折能力、心理承受能力强，肯吃苦、有奉献精神，善于合作，具备预见能力等。应当从实际出发，根据创业的规模，形成人员优势互补，合理确定团队人数、男女比例、年龄层次构成等。

酝酿团队创业的章程和创业文化也很重要，这是组建团队初始不能忽略的问题。创业是非常艰辛的，在创业之始，团队成员尤其需要有共同的约定和文化理念的引领。一旦约定，大家必须共同遵守、执行和维护，否则很难形成合力。

风险分担，利益共享。创业需要承担风险，包括财务、精神和社会的风险。如何承担和分担风险？要形成基本的共识，要有一个明晰的预案。合理考核、利益共享的分配模式，也要在创业之始有一个比较合理的约定，否则在赢利以后容易产生矛盾。对此，要未雨绸缪。

创业团队的分工。根据团队结构特点、成员优势特点，创业目标和具体工作要求，明确每个成员的责、权、利，做到有理有据，各司其职，有条不紊。

磨合期问题的处置。创业团队或多或少、或长或短要经过一个磨合期。在这个时期，经过痛苦的“洗牌”，有的人也许不适合继续共同创业，此时一定要下定决心调整、变更，不能碍于情面，否则会成为创业的巨大羁绊，因为团队的关键永远都是——人。

靠运气不如靠能力，只有能力才是证明自己并实现自身价值的手段

创业者要想创业成功，就必须靠个人能力说话，因为个人能力才是创业者证明自身价值的手段。只有个人能力，才能把人的差距越拉越大。

创业者喜欢运气，但不能仅仅依靠运气。机会的来临，可以出自偶然，但当事人必须及时抓住机会，才能增加价值，为自己带来利益。

有人曾提出疑问：他生长在富豪之家，我却在穷苦家庭中长大，摆在他和我面前的，是不同的机会，怎么能说公平呢？其实，提出质疑的人，把命运和机会搞乱了。常听人们这样说："某某有什么了不起！他还不是命好，才有今天的地位。"或者说："某某那两下子，也不见得比我高

明多少，人家有个好靠山，人事关系好，所以赚钱比谁都快。”

这些说法，几乎完全否定了别人的才能，认定商海浮沉，全靠运气和关系。如果这话出自中年以上人之口，表示他对世事的感慨，对一生不得志的些许牢骚，尚情有可原，但如果是出自青年人之口，则必须警惕，因为这一念之差，很可能葬送你整个的光明前途。

这不是危言耸听，也不是吓唬年轻人，而是人生的必然之理。对于刚入社会的年轻人来说，一切都刚刚开始，真可说是连发牢骚的“本钱”都没有，又能怨尤什么呢?

这样说，并不是要完全否定人生的境遇受环境影响，而是想说一个靠自己奋斗前进的人应该有“人定胜天”的豪气，应该有靠自己的能力白手创业获得成功的信心和毅力。

真正的智者，对待机会的态度，一是要积极创造条件，二是要积极等待、寻找机会，二者相辅相成而又相互促进，缺一不可。机会不来，你强取蛮干，只能撞得头破血流；但如果你没有平日的积累，没有良好的准备，没有优良的素质，即使机会来了，也不会落在你的头上，你只能眼睁睁地看着让别人抢去。

在创业过程中，时机的把握甚至完全可以决定你是否有所建树。一定要抓住每一个成功的机会，哪怕这种机会只有万分之一。机遇永远不会凭空放在你的手中，万千机遇虽与你一路同行，但阳光雨露总是更多地赐给跑在最前面的人。

俞敏洪在一次讲话中谈到了创业的八大能力，他是这样说的：这次给我的主题是有关大学生创业的问题，我想大学生创业，主要需要以下八个能力，只要在这八个能力上大家能够注重培养，就有可能取得成功。

第一个能力就是目标能力。首先，大家都想创业，谁不想自己当老板呢？可是你还得问自己一个问题：为什么要创业？你有什么样的目标？想把它做成什么样的状态？我们不是为了创业而创业，而是为了做好一件事情，做大一件事情，并且前提是你在进行自我评估后发现这件事是有可能实现的，这个时候你才能够开始创业。如果说你都没有目标，只是一时的冲动，只是觉得你应该去干点什么，而对所干的事情却没有太多的热爱，那创业就只不过是一时冲动，而不是深思熟虑，你也不一定能做成大的事情。

就我个人而言，我当初做新东方的时候，就有一个非常明确的目标。那个时候从北京大学把大学老师的工作辞掉后出来做培训，我希望自己能做成一个真正有意义的培训机构，也正是有这个目标，新东方的培训事业才蒸蒸日上、不断前进。随着培训的开展，新东方的目标也在不断改变，从最初的做一个学校变成想在全中国各地开设新东方学校，到现在我们已做成了美国上市公司。总而言之，你的目标是不断前进的，但出发点是不会变的，比如说我最初做新东方的出发点就是想做成一个有品牌、有品位、为学生的前途负责、让学生喜欢的培训学校，从本质上来说，新东方到今天依然是这样的。所以我觉得目标能力对创业来说非常重要，而且你全心全意热爱这个目标的能力也非常重要。除此之外，你需要注意的一个问题：你的这个目标一定是能够做大的行业，而不仅仅是为了自娱自乐。比如说你喜欢书法，就一下子去创立一个书法公司，这不太容易。

第二个我觉得非常重要的能力是专业能力。如果你对一个专业不懂就去创业，失败的可能性会非常大。就像你开了一个饭店，假如你自己不是厨师，又没有太雄厚的资金一下子请很多大厨师，就很难把控你这个饭店的质量，而且很容易被大厨师炒鱿鱼；比如你请了一个大厨师，他做的饭很好，招来很多顾客，这时候他一看自己的地位很重要，就反过来跟你要价，说不给更多的钱就不干，你一生气把他开了，这样一来你饭店的菜也做不好了，最后面临倒闭了。十几年前我开始做新东方的时候，周围的很多培训机构都是反过来被优秀老师给炒鱿鱼了，就因为他们课上得很好，学生很满意，老师就开始向老板要价，老板虽然咽不下这口气，但自己又不懂教学，结果老师都跑到别的培训机构去了，自己就只能把学校关掉了。

新东方当初能做下来很重要的一个原因是我自己就是个“大厨师”，也就是说新东方当时开设的很多课程，我自己都能教，因此我的老师在拿到他们觉得比较满意的工资时，就不会跟我提出非分的要求，他们知道，一旦提出过分要求，我自己能把他们的课给上了，同时又不会对新东方造成太大伤害。所以当你白手起家、身无分文，或者资金有限的时候，有一个重要前提：你必须是你创业的这个领域中的专家，是一个能控制住专业局面的人。比如你开一个软件设计公司，自己都不懂软件，你首先是把控不了质量，其次你把控不了人才，会很麻烦。第二点，就是原则上你必须在想创业的这个领域具备相当的专业知识、达到专业水平，才能有对专业的把控能力。

第三个能力是营销能力。一旦开始创业后，你该怎么做？比如说你的公司开了，产品也造出来了，下一步怎么办呢？如果产品造出来没人买的话，那公司白开了，有无数的公司都是开起来了最后却关门了，其根本之一就是他们不懂如何推销自己的产品，推销自己的公司品牌。因此我们要做的是把公司“卖”出去，一个是卖公司的产品，另一个更重要的是随着产品的销售，卖出公司的品牌，就是说让大众认可你的公司品牌，让大家都知道这个产品是从你公司卖出来的。这就涉及营销，营销分两部分：实的营销和虚的营销。所谓实的营销，比如我做新东方，营销的是新东方的课程，告诉学生为什么要来上这个课，上完能有什么收获。但是无数的培训机构一直以来也在营销课程，却始终只是小机构，而新东方能做大，这是什么原因呢？很简单，因为我们营销了品牌。就是说，新东方开始不断有内涵，到最后人们不是因为听到新东方有什么课程来上课，而仅仅只是听到新东方三个字就来上课，这个时候品牌营销就算是成功了，这就是虚的营销。

在中国做企业，品牌营销往往还跟个人营销结合在一起，就是说你个人的形象有时候能够代表企业形象，所以往往要把个人的道德、行为和企业的道德、行为结合起来。比如大家讲到新东方的时候会说，新东方就是俞敏洪，俞敏洪就是新东方，讲到联想公司的时候会说，联想就是柳传志，柳传志就是联想。因此在中国，个人品牌的成长很大程度上就是企业品牌的成长，而企业品牌的成长倒过来也带动个人品牌的成长，这两个加起来形成你的公司强有力的虚的营销。加上你的产品本身也能被老百姓所接受，这样产品才会有价值。举个例子，一个生产鞋的公司，没有任何名气，尽管鞋的质量跟著名品牌鞋的质量不相上下，但品牌鞋卖1000，他这个也许只能卖100，这中间差的900块钱是怎么来的呢？是品牌价值，你没品牌所以价格提不高。所以一个公司要成功，品牌营销有时候甚至比产品营销还要重要，品牌营销的价值是无限的。这就是为什么我们中国造的包只能卖1000人民币，同样材质的包印上LV的标志之后就能卖10万人民币，背后都是品牌价值在起作用。所以，利用营销能力把产品推销出去，把品牌推销出去，把你自己推销出去，变成了企业发展的一个重要手段，也是创业者必须具备的能力。

第四种能力叫转化能力。第一种转化是把科学技术转化成生产力，这是我们常说的一句话。你拥有了技术，拥有了能力，但没法转化成产品卖出去，这是不行的。像比尔·盖茨要是一辈子待在实验室的话，我估计他就是个穷光蛋了，但他把自己的研究成果转化成了微软产品，推销到全世界，他就成了全世界的首富。所以把科学技术转化成生产力、转化成产品能力是非常重要的。第二种是转化你个人的能力，一般情况下，知识分子创业都有一个前提条件，就是能把在大学里学的专业知识转化为社会能力、管理能力。

比如我从北大出来，完全不知道社会是什么样子，如果说抱着书生意气，抱着在学校里的那种单纯思想和行为方式去干事情，难度会比较大，即使在西方社会也是这样，更不用说在中国这样一个复杂的综合体里面。因此如果你不能把大学里的专业能力转化为社会能力、管理能力，就会很麻烦，你管自己一个人的时候也许管得很好，但管一帮人并不一定，那么你就需要学会从管自己一个人转换成管一帮人，也就是说把专业能力转换成综合能力，把专业才能转化成领导才能。而这种转化是要经历很痛苦的过程的，我个人从北大出来，到最后觉得自己当了新东方的领导，管着100多人的团体管得比较得心应手，至少花了5年的时间。能力是能够成长的，现在我在新东方手下管着近1万人的教师和员工，依然没出现什么大的差错，表明了我自己管理能力的增强。所以人的能力是在不断转化的，关键是你自己要努力去转化，比如有很多大学生性格很内向，不愿意跟社会人士打交道，那你要想创业的话，这个交道是不能不打的，不打的话你就封闭了自己，同时把可能成功的机会也封闭了。

第五个能力是社交能力。进入社会，首先你要理解社会，要理解别人为什么要这么做。比如我刚开始出来的时候，社会上那些风气，三教九流什么的，我完全不懂，跟他们打交道的时候觉得特别吃力，新东方的发展也处处受制于人，一会儿居委会的老太太来把我骂一顿，一会儿城管的人来了又把我罚一通，最后没办法，我不得不慢慢学会了放平心态，去理解这些社会上的人，最后当你开始混迹于这个社会，并且思想和境界又超越这个社会的时候，你大概就能干出点事情来了。

你不能显示出不愿意跟社会打交道的样子，但你看事情的眼光又是超越社会的，“大隐隐于市，小隐隐于山”就是这个概念，小的隐士、没有什么出息的隐士才跑到山里去隐居起来，不愿意跟社会打交道，那些大的圣人、智者都是在社会中跟人打交道而思想境界又超于社会的人。做企业也是这样，一个企业家，如果不能和社会同存却又不超越于社会，就会很麻烦，所以我觉得社交能力对一个企业家或创业者来说，十分重要。

第六个能力是用人的能力。仅仅一个人做事情不能叫创业，那叫个体户，所以想创业的话你就得找一帮人，你的合作伙伴，你的同事，你的下属，这些人，从一开始你就得用对了，挑了没有能力的人最后做不出事情来，挑了过于有能力的人最后跟你造反、老是跟你过不去，你也做不出事情来，把人招进来了就得让人服你，因此就得展示你的个人魅力，还得展示你的判断能力、设计能力，让大家觉得跟着你走是有前途的，哪怕在最艰难的时候大家也愿意跟着你。阿里巴巴的马云之所以能成功，很大程度归因于他的个人魅力，他有能力把一帮人聚在一起，给他们不高的工资，给他们承诺未来，这个未来到最后不知道能不能实现，但大家会有一个期盼。所以用人能力是有巨大力量的，它是领导能力的一个典型体现。

当刘邦打下天下，手下问他为什么能做到的时候，他是这么说的：其实我自己一点本领都没有，但我能够用萧何、韩信、张良等这样的人才，是他们帮助我打天下；项羽身边有一个范曾，他却没有能力用好，最后肯定会被我打败。这就体现了领导能力的重要作用，一个孤军奋战的人也许能成为英雄，但他却不能成就事业。刘邦，不管他有没有打过仗，他都是我们心目中的英雄，还是领袖，因为他创建了一个几百年的帝国，容纳了那么多的有识之士。所以，用人能力对我们来说是非常重要的，假如新东方没有相当一批人才，是做不到今天的，新东方有一句话叫作：一只土鳖带着一群海龟在这儿干，这只土鳖就是我，而海龟呢就是围绕在我身边的新东方几十个高层管理者，他们大部分都是海外留学归来的。大家都知道，海归本身眼界是比较高的，很多人眼睛都是长在额头上的，基本上是看不起土鳖的，所以我就必须抱着为他们服务的心态，同时我自己的学习能力必须超强，在很多方面必须接近甚至超越他们，他们才会服你，才会跟着你干，当然，当你想作出一番大事业的时候，会发现身边的人越来越多，各种个性、想法的人越来越多，你要能把他们统一在一起，既要运用利益的杠杆，又要动用感情的杠杆、事业的杠杆把他们完美地结合在一起，是一件挺不容易的事情。

第七个能力就是把控能力。包括几个方面，首先是对企业的把控，企业的发展速度是什么，发展节奏是什么，什么时候该增加投入，什么时候应该对产品进行研发，等等；其次是对人的把控，当一个人走进你的公司之后，他会根据自己的能力和贡献每天衡量自己到底应该得到什么，人与人之间永远会寻找一种平衡关系。人与人之间还有另外一种关系，就是每天都在衡量自己在对方心中的分量到底有多重，当对方觉得你的分量重、他没有分量的时候，他是不会来跟你计较的，等到对方觉得他的才能、他的技术或者他的领导力已达到能和你较劲的时候，对方不提出来，那他就是傻瓜。所以，人与人永远都是处在一种平衡状态中，而这种平衡需要你对人性进行很深刻的了解，并且随时把握每个人的动向，满足他们的需求，同时还能压制住他们不合理的要求和欲望，能够让他们跟你一条心、不断往前走。其实对人的把控能力、对环境的把控能力、对企业发展步骤的把控能力，构成了你创业是否成功的重要条件。

最后一个能力就是革新能力。所谓革新能力就是 reform、renovation 等这样的能力，也就是需要你不断把旧东西去掉，把新的东西引进来，进行体制上的革新、制度上的革新、技术上的革新以及思想上的革新。从我自己做事情的过程来看，一个人或者一个企业家成长的过程，就是不断否定自己的过去，承认自己的现在，追求自己的未来的过程。一旦你觉得现在这样就已挺好，做成这样已不错，就不会有更大发展的空间。我在新东方，经历了无数次的否定，你看新东方从个体户发展到家族店，然后变成哥们合伙制，接着变成国内股份制有限公司，然后发展成国际股份制有限公司，最后变成美国上市公司，每一个步骤都是脱了一层皮的，因为每一次改变都意味着要进行大量的利益改革和结构改造，大量的人事变动和改革，如果你改不过来，企业就有可能面临崩溃。

当初跟我一个时期做外语培训班的人，很多到现在依然是夫妻店，这是我 15 年以前的状态，但新东方迅速把夫妻店改变成了现代化的企业，每年培训 150 万学生。每一次的改革都会伴随着阵痛，但也伴随着发展，而改革还得把握好步骤，如果改得不好、改得太猛了，企业也有可能崩溃掉；但如果停滞不前，也会崩溃掉。这就像中国的社会政治经济改革，如果想一步到位，一下子把所有东西都变成现代化，那会有危险；但中国若不改，就会陈旧落后，也很危险。因此，每走一步都要小心，又不能不走。对创业的改革也非常重要，比如说在技术方面，你不更新的话，最后就会失去市场，也会失去机会，在这一点上我个人非常佩服 Steven Jobs——苹果公司的老总，他刚开始在苹果，后来被苹果公司弄出去之后他又做动画片，电影也做得很好，回到苹果后又开始研究 i-pod，ipod 还在热销的时候他却又开始研究 iphone，现在 iphone 也在全世界热销了，所以每走一步，他的思想都是超前的，尽管 Steven Jobs 得了病，身体很不好，但他依然不失为一位创新、革新的英雄和时代的弄潮儿，我们要做企业就得向这样的人学习。

总而言之，以上提到的八种能力，是我觉得在创业中最重要的八种能力，也是人们能成就大事业的八种能力。

创业能力是一种特殊的能力，这种特殊能力往往影响创业活动的效率和创业的成功。除了俞敏洪上面提到的几种能力，创业者还应该关注决策能力和经营管理能力。

决策能力是创业者根据主客观条件，因地制宜，正确地确定创业的发展方向、目标、战略以及具体选择实施方案的能力。决策是一个人综合能力的表现，一个创业者首先要成为一个决策者。创业者的决策能力通常包括分析、判断和创新能力。要创业，首先要从众多的创业目标以及方向中进行分析比较，选择最适合发挥自己特长与优势的创业方向和途径、方法。在创业的过程中，要能从错综复杂的现象中发现事物的本质，找出存在的真正问题，分析原因，从而正确处理问题，这就要求创业者具有良好的分析能力。所谓判断能力，就是能从客观事物的发展变化中找出因果关系，并善于从中把握事物的发展方向。分析是判断的前提，判断是分析的目的，良好的决策能力是良好的分析能力加果断的判断能力。创业实际就是一个充满创新的事业，所以创业者还必须具备创新能力，有创新思维，无思维定势，不墨守成规，能根据客观情况的变化，及时提出新目标、新方案，不断开拓新局面，创出新路子，可以说，不断创新是创业者不断前进的关键环节。

创业者还应该培养自己的经营管理能力。经营管理能力是指对人员、资金的管理能力，它涉及人员的选择、使用、组合和优化；也涉及资金聚集、核算、分配、使用、流动。经营管理能力是一种较高层次的综合能力，是运筹性能力。经营管理能力的形成要从学会经营、学会管理、学会用人、学会理财几个方面去努力。

1. 学会经营

创业者一旦确定了创业目标，就要组织实施，为了在激烈的市场竞争中取得优势，必须学会经营。

2. 学会管理

要学会质量管理，始终坚持质量第一的原则。质量不仅是生产物质产品的生命，也是从事服务业和其他工作的生命，创业者必须切实树立牢固的质量观。要学会效益管理，始终坚持效益最佳原则，效益最佳是创业的终极目标。可以说，无效益的管理是失败的管理，无效益的创业是失败的创业。做到效益最佳就要求在创业活动中对人、物、资金、场地、时间的使用，都要选择最佳方案运作。做到不闲人员和资金、不空设备和场地、不浪费原料和材料，使创业活动有条不紊地运转。学会管理还要敢于负责，创业者要对本企业、员工、消费者、顾客以及对整个社会都抱有高度的责任感。

3. 学会用人

市场经济的竞争是人才的竞争，谁拥有人才，谁就拥有市场、拥有顾客。一个学校没有品学兼优的教师，这个学校必然办不好；一个企业没有优秀的管理人才、技术人才，这个企业就不会有好的经济效益和社会效益；一个创业者不吸纳德才兼备、志同道合的人共创事业，创业就难以成功。因此，必须学会用人，要善于吸纳比自己强或有某种专长的人共同创业。

4. 学会理财

学会理财首先要学会开源节流。开源就是培植财源，在创业过程中除了抓好主要项目创收外，还要注意广辟资金来源。节流就是节省不必要的开支，树立节约每一滴水、每一度电的思想。大凡百万富翁、亿万富翁都是从几百元、几千元起家的，都经历了聚少成多、勤俭节约的历程。

其次，要学会管理资金。一是要把握好资金的预决算，做到心中有数；把握好资金的进出和周转，每笔资金的来源和支出都要记账，做到有账可查；把握好资金投入的论证，每投入一笔资金都要进行可行性论证，有利可图才投入，大利大投入、小利小投入，保证使用好每一笔资金。总之，创业者心中要时刻装有一把算盘，每做一件事、每用一笔钱，都要掂量一下是否有利于事业的发展，有没有效益，会不会使资金增值，只有这样，才能理好财、创好业。

创业心得

对靠运气来创业的人来说，机会取向选择创业项目的做法，其成功概率是非常低的，也是很冒险的。因为即使是有商机，还需要把商机转化为日常商业经营，这里面涉及的问题太多了。即使你偶然成功了，你很容易把一些偶然的东西作为成功的经验奉为金科玉律，这是很危险的。因此，对创业者来说，创业需要500%的努力。现在的创业者不同于上个世纪的创业者，对于新一代的创业者来说，发现新的赢利空间，开展非一般的事业，是现代人的选择。因此，个人能力是决定创业成败的关键性因素。

创业者要想创业成功，每个创业者都必须靠个人能力说话，因为个人能力才是创业者证明自己实现自身价值的手段。只有个人能力才能把人的差异越拉越大。同时创业的创业者，几个月就分出了差异：有的还没有开张就倒闭了，有的创业半死不活，有的则以超过火箭的速度发展。这还仅仅是个开始。因此，创业者的个人能力决定创业成败，个人能力强的人将会是事业和命运的主宰者。